学芸員の現場で役立つ基礎と実践

博物館
教育論

第2版

黒澤 浩 《編著》
Kurosawa Hiroshi

執筆者一覧

市橋　芳則	北名古屋市歴史民俗資料館　学芸員（1.3節）	
伊藤　明良	北名古屋市歴史民俗資料館　館長（2.3.2項）	
梅村　綾子	名古屋大学博物館　特任助教（4.3.1項）	
可児　光生	美濃加茂市民ミュージアム　館長 （2.1.4項 実例（p.62）、3.1節、4.1節、4.2節）	
川合　剛	元 名古屋市博物館　学芸員（2.1.5項、2.1.6項）	
忽那　敬三	明治大学博物館　学芸員（2.1.1項）	
黒岩　啓子	Learning Innovation Network　代表（1.4節）	
黒澤　浩（編者）	南山大学人文学部　教授 （1.1節、2.1.4項、2.1.6項、2.1.6項 実例（p.76）、 4.3.3項B、4.4節）	
齋藤　智愛	岐阜県美術館　学芸員（4.3.3項A）	
五月女賢司	大阪国際大学国際教養学部　准教授（2.2.2項）	
鈴村麻里子	三重県立美術館　学芸員（2.2.2項 実例（p.100））	
外山　徹	明治大学博物館　学芸員（2.1.2項、2.1.3項）	
立石　信一	国立アイヌ民族博物館　学芸主査（3.2節）	
中村　千恵	三重県総合博物館　学芸員（3.3節）	
布谷　知夫	三重県総合博物館　特別顧問（1.2節）	
濱野かほる	岐阜県美術館　普及業務専門職（4.3.2項）	
広瀬浩二郎	国立民族学博物館　教授（2.2.2項 実例（p.93））	
藤島　美菜	愛知県美術館　主任学芸員（2.2.2項 実例（p.96））	
藤村　俊	美濃加茂市民ミュージアム　学芸員（2.2.1項）	
前田ちま子	名古屋芸術大学名誉教授（2.3.1項）	

（五十音順。かっこ内は担当部分）

まえがき

　『博物館教育論』の初版が刊行されてから9年が経ちました。この間、博物館をめぐって2つの大きな出来事が起こりました。ひとつは博物館法の一部改正であり、もうひとつは国際博物館会議（ICOM）で博物館の新定義が採択されたことです。

　博物館法の改正では、登録博物館の要件の見直しがもっぱら議論されましたが、結果は一部に登録用件の緩和がなされたものの、登録博物館に国立博物館を加えることはかなわず、抜本的な改正とは言い難いものとなりました。しかし、その一方で、法第三条第3項において文化芸術基本法との紐づけがなされたことは、大きな変更であったと思います。これによって、博物館は観光資源としての役割が期待されることとなったのです。

　またICOMの新定義では、博物館は「誰もが利用でき」「包摂的であって、多様性と持続性を育む」存在であるとされましたが、それに続く「倫理的かつ専門性をもってコミュニケーションを図り」という部分は、博物館の専門性を活かした教育の重要性を示していると思います。

　改正された博物館法とICOMの新定義とは対照的に見えますが、いずれの場合も博物館における教育のあり方を見直し、そして博物館の機能としてより大きな意味をもつものと位置づけるきっかけと、ここでは捉えておきたいと思います。

　法律や定義がどのように変わろうとも、博物館の機能は教育普及・調査研究・収集保存・展示であることに変わりはありません。法律で観光と紐づけされたのであれば、博物館が提供できるのは、他の観光施設とは違い、知的な楽しみを感じてもらえるものではないでしょうか。そういう意味では、博物館における教育・学習活動がますます重要になってくるように思われます。

本書の特徴

　本書は、現役の博物館学芸員やこれから学芸員をめざそうという学生・大学院生に向けて、博物館教育の概要を平易に解説するように努めました。執筆者には、大学で学芸員養成課程の法定科目を担当する教員、博物館で教育活動に携わる学芸員、そして博物館における教育理論に関する研究者などがおり、理論と実践の両面から博物館教育を説明することに主眼をおきました。

　本書がこれまでの博物館教育を扱った書物と違っているとすれば、具体的な実践を扱った第2章において、「見ること・聴くことによる学び」「身体と五感による学び」「想像力と語り合いによる学び」といった実践方法によって整理し、構成したところでしょう。こうした構成とした背景には、「ユニバーサル・ミュー

ジアム」の活動や美術館における鑑賞教育の進展などに触発されたことがあります。このように整理することで、これから策定しようとする、あるいはすでに実践されている学習プログラムの位置づけを別の角度から見ることができるものと思います。

本書の構成

　本書の初版が刊行されてから9年が経ち、初版でとり上げたもののうちいくつかの節と項目を、今の時代の博物館に合うようアップデートしました。ただし、本書で示してきた博物館教育に対する考え方の根幹は変えていません。ここでは、各章の概要と、今回変更した部分について紹介します。

　本書は全4章で構成されています。第1章では博物館教育の理論に焦点を当て、その特色と歩みを紹介し、さらに生涯学習への位置づけ、そして学習理論へと展開していきます。

　第2章では博物館教育の方法について、先述のように「見ること・聴くことによる学び」「身体と五感による学び」「想像力と語り合いによる学び」の3項目で整理し、それぞれ経験豊富な学芸員の方々を中心に執筆していただきました。

　また、博物館でSNSやWebを使った情報発信は当たり前になってきていますが、この分野は日々進歩している分野でもあります。今回は、初版以降の進展状況を含めて紹介しています。

　本書では博物館教育のなかに「ユニバーサル・ミュージアム」を含めています。今回、実例として愛知県美術館と三重県立美術館のとりくみを加えました。ユニバーサル・ミュージアムの実践とはどんなものであるのか、是非とも参照してください。

　第3章では、初版の「3.2　博物館をつなぐ」と「3.4　知的財産をつなぐ」に変えて、新たに「3.2　研究のための連携」としました。教育論のなかで研究をとり上げることに違和感をもたれる方もおられるかもしれませんが、博物館における研究の位置づけについて言及されることが少ないので、ここに加えました。

　今回の改訂で最も大きな変更となったのは、第4章です。ここでは、ボランティアのような博物館をサポートしてくれる人たち、エデュケーターといった博物館教育の専門家について説明されます。そしてここでは新たにコミュニケーターを加えました。現在、自然史系の博物館ではサイエンス・コミュニケーター、美術館ではアート・コミュニケーターの活動が見られるようになってきました。コミュニケーターの存在は、まさにICOMの新定義にある「倫理的かつ専門性をもってコミュニケーションを図る」ことに合致します。これから博物館にとって、重要な役割を果たすことが期待されています。

　博物館法の改正やICOMの新定義だけではなく、今後、博物館はさまざまな役

割を担うことが求められてくることでしょう。しかし、そうした世間の期待と裏腹に、学芸員教育の現場では、そうした博物館の多岐にわたるミッションに対応できていません。本書はそうした現状のなかで、今後の博物館活動の指針になることをめざして編まれたものです。

　本書を通じて、よりよい博物館の未来が見通せればと願っています。

2025年2月

黒澤　浩

　本書では、若干説明が必要な用語がいくつかあります。「学習プログラム」と「教育プログラム」は、前者が受益者の視点で表現しているのに対し、後者は実施者の視点で表現しているという違いがあります。文脈によって使い分ける必要があることから、本書ではあえて統一していません。

　また、英語のeducatorに対しては「エデュケーター」「教育担当者」「教育普及担当者」などさまざまな言葉があてられています。これについては、educatorの訳語が用語として確定していないこともあり、各執筆者の判断に任せています。

- 本文中のURLは2025年1月時点のものです。

まえがき　iii

第 1 章　博物館教育の理論　　1

1.1　博物館教育の特色　2
    1.1.1　博物館教育とは何か　2
    1.1.2　学校教育との違い　3
    1.1.3　生涯学習としての博物館教育　4
    1.1.4　博物館教育の現実　5
    1.1.5　博物館教育の方法　6
    1.1.6　学習プログラムをどうつくるか　9

1.2　博物館教育の歩み　10
    1.2.1　黎明期博物館の教育　10
    1.2.2　博物館教育の展開　11
    1.2.3　欧米での博物館教育　13
    1.2.4　エデュケーターの存在　14
    1.2.5　博物館での教育活動の現状　16

1.3　生涯学習としての博物館教育　19
    1.3.1　日本の生涯学習の法的根拠　19
    1.3.2　UNESCO と生涯学習　21
    1.3.3　日本の生涯学習の成り立ち　22
    1.3.4　生涯学習社会の実現に向けての政策　24
    1.3.5　生涯学習社会における博物館の課題と展望　26

1.4　博物館教育の実践に役立つ理論　30
    1.4.1　博物館利用者の理解に役立つ理論　30
    1.4.2　学習理論・知識論　33
    1.4.3　博物館を対象にした理論　34

第 2 章　博物館教育の方法　41

- **2.1　見ること・聴くことによる学び　42**
  - 2.1.1　講座・講演会　42
  - 2.1.2　ギャラリートーク　51
  - 2.1.3　印刷物　56
  - 2.1.4　視聴覚機器　60
  - 2.1.5　出版物　64
  - 2.1.6　Web などによる情報提供　73
- **2.2　身体と五感による学び　81**
  - 2.2.1　ワークショップ・体験学習　81
  - 2.2.2　ユニバーサル・ミュージアム　89
- **2.3　想像力と語り合いによる学び　105**
  - 2.3.1　VTS　105
  - 2.3.2　地域回想法　113

第 3 章　連携する博物館　123

- **3.1　博物館と学校を結ぶ　124**
  - 3.1.1　結ぶことの意味　124
  - 3.1.2　連携の方法と心がけること　127
  - 3.1.3　活動成果の把握と向上　132
- **3.2　研究のための連携　135**
  - 3.2.1　博物館の現在　135
  - 3.2.2　博物館の連携　136
  - 3.2.3　研究機関との連携　138
  - 3.2.4　当事者、地域との連携　139
- **3.3　アウトリーチ―博物館と地域をつなぐ　連携の視点から　142**
  - 3.3.1　アウトリーチとは　142
  - 3.3.2　博物館体験　145
  - 3.3.3　博物館と地域をつなぐ視点　146
  - 3.3.4　これからのアウトリーチにおける課題と展望　149

第 4 章　博物館にかかわる人材　153

4.1　ボランティア　154
　　4.1.1　ボランティアとは　154
　　4.1.2　博物館教育とボランティア　154
　　4.1.3　ボランティア活動を進めるために　156
4.2　エデュケーター　157
　　4.2.1　博物館教育の担い手としてのエデュケーター　157
　　4.2.2　エデュケーターの役割　158
4.3　ミュージアム・コミュニケーター　160
　　4.3.1　サイエンス・コミュニケーター　160
　　4.3.2　アート・コミュニケーター　162
　　4.3.3　ミュージアム・コミュニケーター　165
4.4　博物館実習　168
　　4.4.1　博物館教育と博物館実習　168
　　4.4.2　博物館実習の問題点　168
　　4.4.3　博物館実習で何を学ぶか　169
　　4.4.4　博物館実習の限界　172

あとがき　博物館教育の可能性　173

索引　177

ブックデザイン————安田あたる

第 1 章

博物館教育の理論

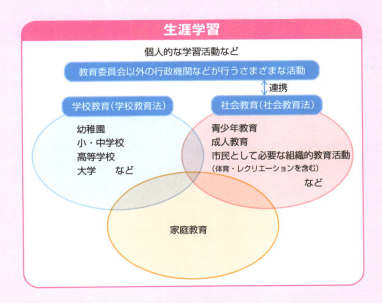

キーワード

社会教育
生涯学習
エデュケーター
相互作用による体験モデル
構成主義

1.1 博物館教育の特色

博物館は、展示を見に行く場所というイメージがあるかもしれません。しかし、博物館は法律上、教育機関と位置づけられています。それでは博物館で行われる教育活動にはどのような特色があるのでしょうか。同じ教育機関である学校で行われることと比べてみましょう。

1.1.1 博物館教育とは何か

博物館を訪れる人の多くは、展覧会などの展示を楽しむことが目的でしょう。そして、それは博物館の重要な役割のひとつといえます。しかし、何のために博物館に展示があるのかを考えると、それは展示を通して新たな知識や思考を見る人に伝え、その結果として見る人の人生や生活を豊かなものにしてもらうためなのです。こうした働きかけをすることが「教育」なのでしょう。

博物館が教育を行う機関であるということは、社会教育法という法律の第九条に「図書館及博物館は、社会教育のための機関とする」とあることからも明らかです。つまり、博物館教育とは、博物館で行われる教育活動をさすと同時に、博物館の活動はすべて教育へと結びついていくものといえるでしょう。

基本用語 社会教育

社会教育とは、狭義には学校教育・家庭教育の対概念であり、広義には社会で行われる教育全般をさします。後者に従えば学校教育も家庭教育も社会教育の一部ということになりますが、今日では前者の意味で使われることのほうが多いようです。博物館は社会教育法において社会教育機関であると規定されていますが、前者の意味での社会教育だと博物館教育の範囲を狭めてしまうことになるため、現在では学校教育・社会教育や家庭教育までも包括する「生涯学習」という概念が用いられるようになり、博物館は生涯学習機関と性格づけられることが一般的になりました（前ページの図参照）。

1.1.2 学校教育との違い

　それでは、博物館教育とはどのような特色があるのかを考えるために、教育機関として最も一般的である学校でなされる教育との違いを見てみましょう。

　博物館学の概説書に学校教育の特色としてあげられているのは以下のようなことです[1]。

> ① 対象が特定の児童・生徒・学生である
> ② 一斉授業形式をとる
> ③ 教科書中心である
> ④ 先生が生徒に伝える
> ⑤ 主として理性に訴える
> ⑥ 学習指導要領による定型的、継続的な学習である

① ほとんどの学校では1クラスがほぼ同じ年齢の児童・生徒・学生で構成されます。高校や大学では、そして私立では小学校から、入学試験を経た場合には学力もほぼ均質になることをさしています。
②〜④ 学校で勉強した経験に照らし合わせればわかると思います。
② 授業を行う者も受ける者も全員が同じ時間・同じ場所にいるということです。
③ 文字や言語によって知識伝達を行うことをいっています。
④ 一人の先生による教授方式を基本としているということです。
⑤ ③とかかわり、知識を論理的に伝えて理解させようという方法であることを示します。
⑥ 教育自体が学習指導要領という一種のマニュアルに従い、しかも低学年から高学年に向かって次第に内容が高度になっていく、積み上げ式の学習であるということです。

　それに対して、博物館教育は次のような特色をもつとされます。

> ① 対象が常に不特定である
> ② 個人学習を主とし、集団学習も可能である
> ③ 展示品（モノ）を中心として、モノに語らせる
> ④ 主として感性に訴える
> ⑤ 学習者の自由意思に基づく非定型、非継続的な学習である

① 博物館の来館者には特に制約がなく、誰もが自由に利用できることに起因します。
② ①や⑤とかかわり、来館者は自らの関心のままに博物館を利用することもできれば、博物館が設定したプログラムを利用することもできます。
③ 博物館に教科書はなく、展示というモノの配列によって何ごとかを示し、それを伝えるという意味です。
④ ③に関連し、文字や言語情報ではなく、モノや作品に対しての直観を重視するということです。
⑤ 博物館に学習指導要領はなく（非定型）、いつ、どのような目的で来館するかについては来館者側に委ねられているということを示します。

このように、博物館教育を学校教育と比べてみると、同じ教育とはいいながらも、その方法が大きく違うことがわかります。

1.1.3 生涯学習としての博物館教育

1.1.2項で見たような博物館教育の特色は、生涯学習と呼ばれる教育カテゴリーに非常に近いものであるといえます。生涯学習は、かつて生涯教育ともいわれましたが、それは提供者側の立場からの言葉であったため、今日では受益者の立場から生涯学習という言葉が多く使われるようになりました。生涯学習の詳細については、1.3節を参照してください。ここでは生涯学習と博物館教育の親和性を次の2点に整理してみます。

◆対象を選ばない

先にも述べたように、博物館の来館者は原則的に不特定です。そこには、年齢や性別、学歴、社会的地位、障がいの有無、人種、文化的背景など、

人間を区別する指標は存在しません。

◆**自己学習である**

　生涯学習は教育制度として義務的に行われるものではなく、個人の自発性に大きく依拠した学習形態です。博物館の来館者も、多くの場合、自分の意志によって博物館に来るわけですから、やはり自発性に基づいています。

　以上のように博物館教育と生涯学習との親和性は、自発的な学習であることと、それに参加するための制約は何もないということに尽きます。

1.1.4 博物館教育の現実

　しかし、理念上そうは言えても、実際の博物館教育の場ではなかなか理念とは一致しないことが生じてきます。

　例えば、来館者をさまざまな指標によって区別することはないと述べましたが、日本の博物館の多くは、暗黙のうちに、来館者の標準を、日本語を理解する健常者としていることを感じます。英語との2か国語併記は一般的になってきましたが、多言語表記というにはほど遠い状況でしょう。また、車椅子対応は進んできましたが、最も博物館を利用しにくいであろう視覚障がい者が博物館を利用できる環境整備はまだ十分ではありません（2.2.2項参照）。

　自己学習として、関心のおもむくままに学ぶということも、実際には理念どおりではないように思えます。博物館の教育は展示品（モノ）を使った実物教育を特色としていますが、そのためにはモノから何かしらの有意な情報を引き出すことが必要なはずです。しかし、日本では、学校でも家庭でも、およそ教育の場とされるところで、モノから情報を引き出す方法が教えられることはありません。多くの人が、展示されている資料や作品を見ても、そこにさまざまなことを見出し、読みとるための「技術」をもっていないのです。それなのにどうして、博物館に来る人が興味のおもむくままに学ぶことができるのでしょうか。

　つまり、博物館教育とは、全人的なものでも、自由な学習形態などでもなく、やはり一定のプログラムのなかで、実施者側の意図や目的に沿うようにしてなされているものなのです。

1.1.5 博物館教育の方法

　博物館教育を実施する具体的な方法については、第2章でさまざまな角度から、専門の先生方に解説をしてもらいます。ここでは、博物館教育の原理的な側面について述べてみたいと思います。多くの博物館で実施している学習プログラムは大きく2つに分けられます。

A. 歴史や文化を学ぶ

　ひとつは、展示品や収蔵品などの資料の背景にある歴史や文化、環境を、展示品を通して学んでもらうプログラムです。博物館の展示解説、特に歴史系博物館の展示解説はこうした観点でなされる場合が一般的です。資料の背景を学ぶことで、資料それ自体に対する理解を深めるのがねらいとなります。

　このようなアプローチは、展示を見ることを除くと、講座や講演会、ギャラリートークなどを通じてなされることが普通でしょう。しかし、こうしたアプローチの意味は十分理解できますが、このような知識伝達の方法は博物館的というよりも学校教育に近いようにみえます。つまり、話者や講演者が誰であろうと、一人の話を大勢が聞くという授業形態になります。また、語られる内容については、すでに本などに書いてあることも多いでしょう。したがって、あえていうならば、そればかりでは博物館で実施している意味が薄れてくるのではないでしょうか。

B. 資料や作品自体を学ぶ

　もうひとつの学習プログラムは、資料や作品それ自体を学ぶものです。このプログラムの前提となるのは、1.1.4項で述べたように、多くの人はモノから有意な情報を引き出す技術をもっていないということです。ですから、このプログラムは、まずモノの見方や鑑賞の方法への入門編としてスタートします。

　プログラムの実践方法はさまざまですが、多くの場合、体験学習型のアプローチをとるということで共通しています。しかし、体験学習型のアプローチにも大きく分けて2つあるようです。厳密には体験学習の理論に則った分類ではないかもしれませんが、ここではその2種類を「擬似体験型」と「追体験型」として説明しましょう。

擬似体験型は、「土器づくり」「石器づくり」「火おこし」など、すでに失われてしまった技術や経験を、学術的に復元したうえで、それを実際にやってみて学ぶというものです。例えば火をおこすという作業が、いかに大変であったかを体験することで、現代の自分たちの生活と比較して、人間が自然のなかで生きていくことの難しさを知ることができるでしょう。さらに、火の使用の人類史的意義といったような、一歩踏み込んだ考察へと進むこともできます。

　しかし、この方法をとる場合、目的を明確にしておかなければ、ただの楽しいイベントになってしまう可能性をはらんでいます。

　もうひとつの追体験型は、博物館の学芸員や研究者たちがどのようなプロセスを経て博物館の展示に示されるような結論を導き出したのかという研究のプロセスを体験してもらうというものです。ただしこれはひとつひとつ個別的研究を追体験することをさしているわけではありません。

　元京都大学総合博物館館長の大野照文氏は、博物館での学習プログラム制作について、以下のように述べています[2]。

> 　理想の生涯学習は、自分の体験・知識をもとに、推理・確かめを通じて身のまわりの世界について新たな発見をすること、そして「発見する自分」を発見し感動する行為である

　これに「観察」を加えて「観察→推理→確かめ」というサイクルで整理してみると、このサイクルは研究者が研究する思考のプロセスと同じことになり、ここでいう研究プロセスの体験と一致します。

実例　モノの見方を学ぶプログラム

　南山大学人類学博物館で実施しているプログラムをひとつ紹介しましょう。それは展示室に展示されている資料を探すというものです。用意するものは展示品の図や写真が載っているプリント1枚だけです（図）。プリントに載っている資料が、展示室のどこにあるのかを探す一種のゲームです。

　制限時間を10〜15分程度とし、終了後に答え合わせを行いますが、

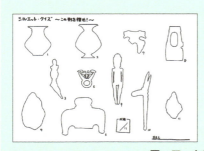 

図 ワークシートの例
（左）シルエットクイズ、（右）探してみよう模様バージョン

　答えは参加者から言ってもらいます。このときにルールがひとつだけあります。それはプリントの図や写真と実物がなぜ照合できたのかを、きちんと説明することです。「何となく」とか「雰囲気で」という理由はダメです、と最初に断っておきます。

　答えのわかった人に挙手してもらい、そのうちの一人に先導してもらって、探している資料の場所まで行き、そこで、全員に賛否をたずねて、正解なら正解、間違っていたら他の意見はないかと聞きます。このゲームのよいところは年齢を問わず、子どもから大人まで同じように参加できることにあります。つまり、先述した「多くの人はモノから情報を引き出す技術をもっていない」ということを逆手にとっているわけです。

　実際に参加した人たちからは、楽しかったという声を多く聞きます。しかし、この"ゲーム"はただ楽しいだけの遊びではありません。物質資料や標本を扱う研究者は、まず研究対象とするモノの形を正しく認識しなければなりません。このゲームは、図や写真といったメディアを通して、実物の形を正しく認識することを目的としているのです。さらに、それを言葉で説明する行為には、自分の判断を単なる印象とはせずに、整理して表現することを含みます。ですから、このプログラムは先ほど紹介した「観察→推理→確かめ」というプロセスのすべてを含んだものであり、ワークシートの要件（2.1.3項参照）にもよく合っています。

1.1.6 学習プログラムをどうつくるか

　博物館での教育活動は、もはや特別なことではなくなりました。しかし、人に対して何かを伝え、それを通じてその人の人生や生活をより豊かなものにするのは、言葉でいうほど簡単ではありません。特に、マニュアルがない博物館教育では、どのような方法をとるかはそれぞれの館の判断に任されていますし、担当者の個性にも左右される面があります。そしてその結果、よく練り上げられたプログラムもあれば、そうでないものもあり、ばらつきが大きくなっているのが現状ではないでしょうか。

　博物館の学習プログラムをつくり上げるときの留意点を2つ述べておきます。

　○プログラムで使う博物館資料に関する調査研究を徹底すること
　○プログラムの目的を明確にすること

　資料の特性がわかればプログラムをつくる発想が生まれます。そしてプログラムの目的が明確になれば、どのようなアプローチが有効なのかが明らかになります。どのような学習プログラムを用意するかは、その博物館の良し悪しに直結する大事な要件なのです。

〈引用文献〉
1) 倉田公裕, 矢島國雄：新編 博物館学, 東京堂出版（1997）
2) 大野照文：化石, **83**, 22-29（2008）

1.2 博物館教育の歩み

　最近は博物館の教育学習活動が盛んですが、それは急にはじまったわけではありません。明治初期の博物館のあり方についての模索の時期や、第二次世界大戦直後の全国各地の博物館の努力などによって少しずつ準備され、1990年前後の博物館の社会的な役割の見直しによって、利用者向けの事業として重視されるようになったのです。

1.2.1 黎明期博物館の教育

　日本の近代的な博物館は、海外視察団の報告を参考にして、1867年（慶応3年）パリ万国博覧会に参加した経験に基づき、1873年（明治6年）のウィーン万国博覧会への参加の準備をしながら実施した1872年（明治5年）の湯島聖堂博覧会が最初であるとされています。その後、勧業を目的とした内務省系の博物館と、学校教育への指導を目的とした文部省系の博物館とに分かれ、現在の東京国立博物館と国立科学博物館につながっています。この2つの国立博物館は、その時代の政策の変化によって、何度も名称や所属が変わっており、現在に至っています。

　この2つの博物館は、明治政府にとっては海外視察から学んだものでした。博物館のあり方などについての独自の蓄積はなく、基本的には国民を啓蒙するための装置として発足したものでした。内務省の博物館は江戸時代の幕藩体制のなかで生活してきた人々に対して、日本という国がどういう国かを知らしめることが目的とされ、万国博覧会のために全国から集めたさまざまな物産や工芸品などを展示しました。文部省の博物館は東京博物館、のちに教育博物館と改称し、全国の学校教育制度を一体にするよう指導することを目的とし、内務省博物館から移管されてきた自然資料に合わせて、教育用器具、教材類を収集しました。したがってこの2つの博物館とそののちに全国各地でつくられていく博物館も、教育を設立目的のひとつとしていましたが、現在の博物館における教育学習活動のような事業

ではなく、展示による啓蒙活動が目的でした。日本の博物館史上初の科学講演会は、東京教育博物館で1884年（明治17年）から1888年（明治21年）までの5年間に合計18回行われていますが、その内容は教育用器具を使った実演と講義で、学校での模範授業を示すようなものでした[1]。

　東京教育博物館は1888年には、全国の学校教育の体系が整ったことを理由に東京師範学校の付属博物館となったことで、学校教育への関わりが弱くなるとともに、社会教育を主な目的とするようになりました。そして1906年（明治39年）に棚橋源太郎が主事となって後、講演会や幻燈会（スライド映写会）などを計画し、資料の貸し出しなども実施しました。棚橋は日本の博物館の父といわれることがある博物館学の研究者であり実践者ですが、博物館を科学知識の普及を目的とした社会教育の場と位置づけて事業を行い、博物館が社会教育上必要であることを認めさせようとしました。また展示の工夫を行い、絵画やパノラマなども使った総合的な展示を開発しました[1]。こうして博物館は、児童や生徒だけではなく成人教育の場としても、活動をしていくことになりました。

　そののちの大正デモクラシーの時代には、時代背景によって「通俗教育（社会教育）」が盛んに行われるようになり、自然科学資料に基づく成人を対象とした社会教育機関となりました。専門職員の仕事としては、社会教育上必要な物品の蒐集、陳列およびその研究とされていました[2]。つまり「陳列＝博物館での教育」という認識だったと考えられます。1939年（昭和14年）に日本博物館大会で決定された博物館令の案においても、その事業について、教育にかかわる部分では「趣味の会の設立指導、貸出資料の備え付け、図書の閲覧、講演、映画会、特殊展覧会、印刷物発行」があげられており、現在行われている教育事業とは少し異なっています。

1.2.2 博物館教育の展開

A. 戦前

　日本の学校理科教育は、明治の初期から富国強兵を目的とした室内での物理化学主義が徹底しており、野外へ出て自然から直接に学ぶような授業は行われませんでした。そうしたなかで、野外で実物を観察することが大

切と考える学校や大学の教員が月に1回、子どもを中心に呼びかけて現在と似通った形の野外観察会をはじめた例があります。1935年（昭和10年）に武蔵野研究会がはじめた武蔵野自然観察会です。観察会という名前ですが、その中身は野外での観察と標本の採集、室内での講義を行う会でした。この会は第二次世界大戦中には中断しましたが、戦後には再開しています。

これと同様な野外での博物館教育活動の実施例はありません。あるのかもしれませんが、情報発信されていないようです。戦前は博物館の数も少なく、教育活動は講座と展示（陳列）という考え方が大半であったために、事例があっても公表されていないのかもしれません。もちろん郷土史や植物、昆虫などの同好会や研究会は、前述の博物館令案に見られるように博物館の教育事業として位置づけられており、博物館の周辺や博物館を会場にして活動していたようです。

B. 戦後

第二次世界大戦後、博物館法の制定に向けて博物館の定義や事業内容、学芸員の資格制度などについての議論が進み、博物館現場でも新しい時代の博物館事業が行われるようになりました。この議論のなかで現代の博物館の性格や組織などがほぼ固まり、学芸員の制度と大学で博物館学を教えるための教科書などがつくられました。また、この時期には、地域のアイデンティティを確認する場として、全国各地に市民の要求によって地域博物館がつくられ[3]、市民向けの教育事業が盛んに行われはじめました。

大阪市立自然科学博物館のケースでは、自然系博物館の建設を要望するための博物館後援会がつくられ、市に対して博物館建設を要望する運動を行いながら、実際の博物館活動にあたる事業を、市民が独自に行いはじめました。その後1958年（昭和33年）に学芸員が採用され、本格的な博物館活動がはじめられました。この博物館では、「少年自然教室」「母と子の自然を見る会」「家族いっしょの自然観察の集い」などがシリーズで行われ、室内の講座などとともに、博物館利用者個人を対象とした野外での事業が行われました。現在各地で行われている博物館教育事業のモデルのような事業がはじめられていました。しかし全体としてはまだ博物館教育といえば、講座と展示、資料の貸し出し、スライド会などでした。1960年代の後半になっても、例えば『博物館研究』（日本博物館協会発行）においても、

海外の博物館教育を材料にした議論などは散見できますが、実際の事業例はほとんど紹介されていません。

1970年代に入ったころから、美術館では全国各地で一斉に新しい教育事業がはじまりました。子どもや成人を対象としたワークショップや創作活動などが盛んに開催されるようになり、美術館のファンを広げる結果となっていきました。博物館の場合も、このころに友の会やボランティア活動などが整備されて、熱心な利用者が増えていきました。

1.2.3 欧米での博物館教育

A. アメリカ

欧米では、特にアメリカでは博物館の教育活動が非常に活発であるといわれていました。しかしそのような特徴が明確になったのは1980年前後です。もともとアメリカの博物館では、社会問題を反映したテーマを扱う傾向がありました。1975年に終結したベトナム戦争や1970年代のオイルショックの影響などもあって、疲弊感が蔓延していく社会的な傾向に対して、博物館を含めた教育政策が打ち出され、博物館でもそれまでのキュレーター curator 中心の博物館から、エデュケーター educator の活動が注目されるようになり、予算や人数においても博物館教育の事業が強化されていったのです。

現在もアメリカの博物館で強い影響力をもつ『卓越と公平 Excellence and Equity』は1992年のアメリカ博物館協会（AAM）の「博物館教育に関する特別委員会」による報告書ですが、アメリカの博物館界の中期的な方針書であり、多様な利用者に対して公平に博物館サービスとしての教育活動を行うことを示した内容です。

B. イギリス

イギリスの場合、大きな変化は1990年代にありました。1970年代の英国病とまでいわれた経済的停滞は、サッチャー首相の下で克服されましたが、結果として格差の固定化や移民の貧困化、犯罪の増加などの問題が起こり、博物館・美術館委員会は、1991年に「地方自治体と博物館」という報告書を出して、博物館を活用して地方再生を実現する自治体での体制づ

くりを示しました。そして1997年に首相になったブレアは、いちばん大切な政策は教育であると位置づけて、行政サービスの見直しと質の向上をめざしました。

この時期の博物館の方針は、博物館・美術館委員会の依頼でデヴィッド・アンダーソンが『共通の富 *A Common Wealth*』にまとめました[4]。博物館は学習センターと位置づけられ、博物館を教育的、社会的、経済的、そして精神的な公共教育のための施設とされました。このような流れから、1984年に決められていたイギリス博物館協会の定義は、1998年の改正で博物館が教育に特化した施設であることを強調する定義に変わっています。

> 【改正前】博物館とは、公共の利益のために、物質的な証拠としてその関連情報の収集、記録、保存、展示、解説を行う施設である
> 【改正後】博物館は社会から委託された資料や標本を収集・保存し、利用しやすくする組織であり、そのコレクションにより、人びとが知的興奮や学習・楽しみを得ることを可能にしてくれる施設である

1.2.4 エデュケーターの存在

日本以外のほとんどの国では、博物館内の職務分担があり、国際博物館会議（ICOM）の文献[5]のなかではヨーロッパでの例として館長以下24もの職種名があげられています。そうしたなかで日本のように館長、事務職、学芸員だけというような例はまれです。研究者であるキュレーター、教育プログラムの作成を担当するエデュケーター、そして教育活動を担当するミュージアムティーチャーなどの職務分担があります。また資料のとり扱いについても整理、管理、利用担当者などと細分されています。日本の博物館は日本独自の発展をしてきたため、博物館の基本的な事業をすべて学芸員が行うという体制ですが、日本のシステムが必ずしも無理なものとは限りません。

日本のシステムでは、自身で資料を収集・整理し、研究している研究者が、直接に利用者を指導し、その質問に答え、事業を計画・主催するということであり、利用者から見ると最も効果的な教育システムと考えられる

図 1.1　学芸員やエデュケーターによる教育活動

からです。博物館教育の目的は、知識を伝えるよりも、利用者の疑問に対して、疑問を解決するのに最も効果的なアドバイスをすることであり、それは研究者である学芸員でなければできないような部分を含んでいると考えます。

　しかし、日本でもエデュケーターは登場しはじめています。林原自然科学博物館では、1992年（平成4年）に海外で学んできたエデュケーター3人を採用し、研究員とともに展示づくりなどの議論を行いました。2003年（平成15年）には森美術館で、専門家としてエデュケーターを採用しており、その前後から国内でもエデュケーターの採用は増えています。もちろんそれ以前から、教育係などの部署がつくられて、学芸員あるいは他の職員が教育事業を分担することはありましたが、ここでいうエデュケーターは、博物館学や教育学などの教育を受けて、学芸員と協力してその事業を進める専門家をさしています（**図1.1**）。日本は、まだ国内では専門的な教育の場はありませんが、エデュケーターの役割は大きいと考えられます。そして現在でも、その分野が得意な嘱託職員やアルバイトが教育を担当する例が多いようです。

　これまでの日本の博物館では、はっきりとした目的があって博物館に来る人を主な対象として事業を行い、毎日の運営をしていました。実は展示を見に来る多数の利用者、あるいは博物館に来ないような地域の住民に対しては、ほとんど利用を促すための手を打てていませんでした。そのような人に関心をもってもらうためには、やはりエデュケーターとして専門性

を培い、博物館の役割についても理解した人材が必要です。学芸員の知識を活用しながら、博物館での学びをどのようにデザインし、プログラム化すると効果的かという視点での対応をする役割です。そのような役割の重要性を考えて、2011年（平成23年）から文化庁が年1回、約50名の参加で5日間のエデュケーター研修を行っており、職種にとらわれず博物館で教育活動を担当しているスタッフから参加者*を集い、経験者を増やす努力をしている段階です。

なお、エデュケーターについては4.2節（p.157）で詳しく解説しているので参照してください。

1.2.5 博物館での教育活動の現状

1990年代に入ると、博物館の役割などについての議論が改めて進み、博物館の諸事業に関する研究会やシンポジウムなどが盛んに行われるようになりました。その結果、博物館教育の大切さが再認識されています。

バブルの崩壊後、あらゆることに対する評価と説明責任が必要な時代に突入したことから、博物館界においても、もともと少ない予算の削減が続き、比較的大きな企業博物館の閉館が相次ぎました。そういう状態のなかで、博物館としては、より多くの博物館支持者を増やすことを意識して、教育事業が重視されるようになってきたのです。

このような状況は現在も続いており、多彩な教育事業（**図1.2**）が行われているとともに、その理論的な裏づけや、博物館事業全体のなかでの位置づけなどが議論されていることが最近の特徴です。また博物館法の改正の議論や学芸員の在り方の議論の結果として、学芸員資格を大学で取得するための単位が12単位から19単位に変更され、博物館教育論が独立して設けられました。そして今後の博物館の方向や博物館教育の考え方については、1.2.3項で述べた欧米での博物館での議論が、日本の現状に類似したところがあり、非常に参考になると考えられます。

---

*11年間続き、2021年（令和3年）に大きな成果をあげて終了した。なお、5日間の研修でエデュケーターという役職の人をつくるのが目的ではなく、博物館における教育事業について理解し実践する人を育てるのが目的であるとして、2019年からエデュケーション研修と名称を変えた。

図1.2　室内や野外での博物館教育活動

　現場でも理論的にも盛んになっている博物館教育ですが、そうした議論のなかで特に注意が必要な点があります。

　ひとつは、博物館教育では、何を教えるのかということです。事業の内容や対個人の場合などその状況によって異なるのはもちろんですが、博物館教育の本質は知識を伝えることではなく、考える方法を伝える、あるいは考えるきっかけをつくることです。主体は利用者の側にあり、利用者個人が学ぶことで個人の興味を伸ばしていくことができるような環境づくりをするのが博物館での教育の特徴です。

　もうひとつの注意が必要な点は、教育と他の博物館事業との関係です。以前から資料や研究を巡る事業と教育事業とは、博物館としてどちらがより大事なのかが議論されています。一般的には教育とその他の事業という対立軸の議論は、それ自体が間違った設定です。博物館での教育活動が成立するのは、博物館がもつ地域の資料や研究を活かして初めて博物館ならでの教育が可能であるからであって、学校や公民館あるいは民間の教育・教養の事業とは異なります。単なる教育施設では博物館ではありません。基本的な博物館の機能とそれを背景とした教育活動とは一体のものであり、両方が必要なのです。

> ### column　ボランティア
>
> 　博物館教育の課題のひとつにボランティアの問題があります。2021年に公表された社会教育調査の博物館調査の統計によると、登録・相当博物館1,305館のうちボランティア制度があるのは537

館であり、41％となっています。2013年の統計からは微増ですが、今後、ボランティアの役割は大きくなるものと予想されます。

〈引用文献〉
1) 椎名仙卓：日本博物館発達史，p.41，雄山閣（1988）
2) 伊藤寿朗，森田恒之 編：博物館概論，p.95，学苑社（1978）
3) 布谷知夫：博物館の理念と運営，p.16，雄山閣（2005）
4) Anderson, D.：*A Common Wealth: Museums in the Learning Age*, The Stationery Office（1999）
5) Ruge, A.(ed.)：*Museum Professions – A European Frame of Reference*, International Council of Museums（2008）

〈参考文献〉
1) 小笠原喜康，並木美砂子，矢島國雄 編：博物館教育論，ぎょうせい（2012）
2) 寺島洋子，大髙幸 編：博物館教育論，放送大学教育振興会（2012）
3) 塚原雅彦，デヴィッド・アンダーソン：ミュージアム国富論　英国に学ぶ「知」の産業革命（土井俊彦 訳），pp.99-380，日本地域社会研究所（2000）
（全467ページのうち300ページ弱がA Common Wealthの訳となっている：筆者註）

1.3 生涯学習としての博物館教育

　社会教育法によって、博物館は、図書館・公民館・文化会館・体育施設などとともに生涯学習を推進する拠点として定められています。ここでは、生涯学習の理念と進展の経緯を説明し、博物館の果たす役割について考えていきます。

1.3.1 日本の生涯学習の法的根拠

　生涯学習とは「人が生まれ、年齢を重ね、老いていく過程において、直面する課題や自身が求める文化的活動・スポーツ活動などについて学ぶことにより課題を解決し、自己実現を果たしていくこと」ということができます。生涯学習という言葉は、民間の通信教育機関、文化センターなどの事業活動として、その一端を目にすることが多くなってきましたが、生涯学習の理念、本質を理解することが博物館教育にとって不可欠です。まず、生涯学習としての博物館教育を考えていくうえで、大前提となる法的根拠を見ていきましょう（図1.3）。

　「教育基本法」と「社会教育法」の2つの法律によって、生涯学習の理念、それを推進していくための拠点として博物館が存在すること、役割を果た

図1.3　博物館教育を考えるうえでの法的根拠

していくことが明示されています。日本の教育に関する根本的な法律である「教育基本法」は2006年（平成18年）に改正され、生涯学習の理念が新設されました。

> 〈教育基本法〉
> **第三条**　国民一人一人が、自己の人格を磨き、豊かな人生を送ることができるよう、その生涯にわたって、あらゆる機会に、あらゆる場所において学習することができ、その成果を適切に生かすことのできる社会の実現が図られなければならない
> **第十二条**　個人の要望や社会の要請にこたえ、社会において行われる教育は、国及び地方公共団体によって奨励されなければならない
> 国及び地方公共団体は、図書館、博物館、公民館その他の社会教育施設の設置、学校の施設の利用、学習の機会及び情報の提供その他の適当な方法によって社会教育の振興に努めなければならない

> 〈社会教育法〉
> **第九条**　図書館及び博物館は、社会教育のための機関とする

　なかでも教育基本法第三条にある「成果を適切に生かすことのできる社会の実現」や、博物館法第三条十にある「社会教育における学習の機会を利用して行った学習の成果を活用して行う教育活動その他の活動の機会を提供し、及びその提供を奨励すること」という条文は、生涯学習の機会を通して学んだことが社会において評価され、学んだことを活用し教育活動、学習の機会を創出していくことを掲げています。

　文部科学省では、「誰もがいつでもどこでも」学習することができ、また、学習成果を生かすことのできる「生涯学習社会」の実現をめざしており、これらの具体的とりくみとして第2章以降の博物館活動が実践されています。また、博物館が行う展示、教育普及活動、学習機会の提供などの多様な活動は、こうした法的根拠をもとに行われていることを理解しておかなければなりません。

基本用語　生涯学習

文部科学省では、生涯学習を「家庭教育や学校教育、社会教育、個人の自学自習など、人々が生涯にわたってとりくむ学習」であると定義しています。主体的で自発的な社会教育を目的に、現在多くの博物館で、学校や地域などと連携した各種プログラムが実施されています。

1.3.2　UNESCO と生涯学習

生涯を通じ学ぶという考え方には、1965 年（昭和 40 年）に国際連合教育科学文化機関（UNESCO）の第 3 回 成人教育推進国際委員会において、フランスの教育学者であるポール・ラングランによって提唱された「生涯教育」が大きな影響を及ぼしています。ラングランによって示されたワーキングペーパーには、生涯教育の目標が 5 つ掲げられています。

- 人の誕生から死に至るまでの人間の一生を通じて教育（学習）の機会を提供する
- 人間発達の総合的な統一性という視点から、さまざまな教育を調和させ、統合したものにする
- 労働日の調整、教育休暇、文化休暇等の措置を促進する
- 小・中・高・大学とも地域社会学校としての役割、地域文化センターとしての役割を果たすように勧奨する
- 従来の教育についての考え方を根本的に改め、教育本来の姿に戻すため、この理念の浸透に努める

〔日本生涯教育学会 編：生涯学習事典，pp.19-20，東京書籍（1990）〕

⇒ 教育の意義は、ひとかたまりの知識を獲得することではなく、存在を発展させることつまり経験を積むことによって自己実現を拡大する存在を発展させることである

〔ポール・ラングラン：生涯教育入門（波多野完治 訳），全日本社会教育連合会（1971）〕

また、ラングランは教育機会の調和・統合を提唱しています。「life-long integrated education」という表現で「生涯にわたる life-long」という意味の言葉と「教育 education」とを「統合 integrated」という概念で結んでいます。これは、誕生から死へという時系列と、いま生きている場所という空間の両面から教育の機会を捉え、時系列の教育機会の統合（垂直的統合）

と、空間的な次元での教育機会の統合（水平的統合）をめざしています。

ラングランは「人間にとって、存在とは常に挑戦の連続を意味してきた」と述べ、20世紀初頭以来「加速度的変化」「人口の増加」「科学技術の進歩」「政治の領域における挑戦」「情報」「余暇」「生活様式と人間関係における危機」「肉体」「イデオロギーの危機」という課題を突きつけられているとしています。まさに、生涯にわたり継続的な教育・学習が必要となる社会が到来したということができます。

ラングランの提唱を皮切りに、フォール報告書、ドロール報告書を通して生涯学習は推進され、こうしたUNESCOの生涯教育、生涯学習という概念を、世界中の国々が自国の情勢に合わせて教育システムの変革にとり入れています。

> すべての人は生涯を通じて学習を続けることが可能でなければならない。生涯教育という考え方は、学習社会の中心的思想である
> 人間は未完成の存在であり、絶えざる学習によってのみ自らを充実させうる
> 『未来の学習』フォール報告書（1972年）

> 人の生涯と同じ長期にわたり、社会全体へ広がりをもった連続体としての教育を、本委員会は「生涯学習」と呼ぶのである。21世紀の鍵である生涯学習は、労働市場において増大する種々の要求に応え、個人の生存の時間的要素やリズムの変遷に適応するためにもまた不可欠なものである
> 『学習：秘められた宝』ドロール報告書（1996年）

1.3.3 日本の生涯学習の成り立ち

日本における生涯学習の成り立ちは、こうしたUNESCOを軸とした国際社会の情勢から影響を受けました。生涯学習の進展は、先に示した法律や国が設置する審議会の答申というかたちで示されます。博物館は生涯学習を推進するという役割をもつので、以下に説明する生涯学習に関連する答申などはおのずと博物館の教育活動、学習の機会提供に直結するのです。

日本においても、1960年代以降、高度経済成長に伴い社会構造が急激に

変化し、工業化・都市化の著しい進展、高学歴化、経済的・時間的余裕の増大などによって、国民の学習需要が急激に高まりました。1971年（昭和46年）に示された社会教育審議会の答申「急激な社会構造の変化に対処する社会教育のあり方について」では、日本の教育に初めて生涯教育の概念が盛り込まれました。そこでは、UNESCOにおいてラングランが提唱した教育機会の統合が反映されています。

> 生涯教育の必要は、現代のごとく変動の激しい社会では、いかに高度な学校教育を受けた人であっても、次々に新しく出現する知識や技術を生涯学習しなくてはならないという事実から、直接には意識されたのであるが、生涯教育という考え方はこのように生涯にわたる学習の継続を要求するだけでなく、家庭教育、学校教育、社会教育の三者を有機的に統合することを要求している

1981年（昭和56年）、中央教育審議会の答申「生涯教育について」によって生涯学習の概念が確立されたといえます。

> 今日、変化の激しい社会にあって、人々は、自己の充実・啓発や生活の向上のため、適切かつ豊かな学習の機会を求めている。これらの学習は、各人が自発的意思に基づいて行うことを基本とするものであり、必要に応じ、自己に適した手段・方法は、これを自ら選んで、生涯を通じて行うものである。この意味では、これを生涯学習と呼ぶのがふさわしい
> この生涯学習のために、自ら学習する意欲と能力を養い、社会の様々な教育機能を相互の関連性を考慮しつつ総合的に整備・充実しようとするのが生涯教育の考え方である。言い換えれば、生涯教育とは、国民の一人一人が充実した人生を送ることを目指して生涯にわたって行う学習を助けるために、教育制度全体がその上に打ち立てられるべき基本的な理念である

　この答申によって、人々の生涯にわたる主体的な学習活動を「生涯学習」とすること、学習意欲や能力を養い、社会のさまざまな教育機能を総合的に整備・充実することを「生涯教育」とすることが確立されたといえます。
　1985年（昭和60年）から1987年（昭和62年）にかけて行われた臨時教育審議会の第一次〜第四次の答申では「生涯学習体系への移行」として、学歴社会、学歴偏重社会から、何を学んだかが評価される学習歴社会に変換

することが必要であり「生涯学習社会」の形成が重要であるとされました。

> 生涯を通ずる学習の機会が用意されている「生涯学習社会」、個性的で多様な生き方が尊重される「働きつつ学ぶ社会」を建設することが重要である

　1990年（平成2年）の中央教育審議会の答申「生涯学習の基盤整備について」では、生涯学習の必要性の再認識と、生涯学習の振興を図るための推進体制の整備、民間教育事業の支援など、地域における生涯学習の中心施設として生涯学習推進センターの設置の必要性を説いています。

　また同じ年に「生涯学習の振興のための施策の推進体制等の整備に関する法律」、通称「生涯学習振興法」が公布され、生涯学習振興のための施策の推進体制や地域における生涯学習機会の整備を図らなければならないことが定められました。そして、1995年（平成7年）に公布された「高齢社会対策基本法」は、教育や生涯学習とは別の視点で、高齢化が進む社会のなかでその対策として、高齢者の学習・社会参加を掲げています。

> 国は、国民が生きがいを持って豊かな生活を営むことができるようにするため、生涯学習の機会を確保するよう必要な施策を講ずるものとする

　その実践例として地域回想法（2.3.2項参照）があり、これからの博物館活動では高齢者向けプログラムは必須となっていくでしょう。

1.3.4　生涯学習社会の実現に向けての政策

　1991年（平成3年）、中央教育審議会の答申「新しい時代に対応する教育の諸制度の改革について」および1992年（平成4年）、生涯学習審議会の答申「今後の社会の動向に対応した生涯学習の振興方策について」は生涯学習社会の重要性を説いています。

> これからは、学校教育が抱えている問題点を解決するためにも、社会の様々な教育・学習システムが相互に連携を強化して、生涯のいつでも自由に学習機会を選択して学ぶことができ、その成果を評価するような生涯学習社会を築いていくことが望まれるのである

2005年（平成17年）の中央教育審議会の答申「我が国の高等教育の将来像」では、知識基盤社会においては、たえまない学習が必要となり、生涯学習が大きな役割を果たすとしています。

> 21世紀は、新しい知識・情報・技術が政治・経済・文化をはじめ社会のあらゆる領域での活動の基盤として飛躍的に重要性を増す、いわゆる「知識基盤社会」（knowledge-based society）の時代である

　2008年（平成20年）の中央教育審議会の答申「新しい時代を切り拓く生涯学習の振興方策について」では、「知の循環型社会」を構築することが提唱されています。世界的に「持続可能な社会」の構築が求められるなか、「知の循環型社会」を構築することは、持続可能な社会の基盤となり、その構築にも貢献するものと考えられるとしています。

- 自らのニーズに基づき学習した成果を社会に還元し、社会全体の持続的な教育力の向上に貢献する
- 各個人が社会の構成員として、人間・社会・環境・経済の共生を目指し、生産・消費や創造・活用のバランス感覚を持ちながら、それぞれが社会で責任を果たし、社会全体の活力を持続させようとする「循環型社会」への転換が求められる

　生涯学習社会、知識基盤社会、そして知の循環型社会という3つの概念は互いを補完し、さまざまな教育の機会を統合していくことになります。

　2018年（平成30年）中央教育審議会答申「人口減少時代の新しい地域づくりに向けた社会教育の振興方策について」では、「社会教育は、個人の成長と地域社会の発展の双方に重要な意義と役割を持つ」としています。

- 人口減少や、コミュニティの衰退を受けて、住民参画による地域づくりがこれまで以上に求められるなか、社会教育を基盤とした人づくり・つながりづくり・地域づくりの重要性は地方行政全体を通じてますます大きくなっている。
- 今後は、より多くの住民の主体的な参加を得て、多様な主体の連携・協働と幅広い人材の支援により行われる社会教育、すなわち「開かれ、つながる社会教育」へと進化を図る必要がある。

今後の社会教育施設としての博物館に求められる役割として、次のことが期待されるとしています。

- 地域の学校における学習内容に即した展示・教育事業の実施や、教師の授業支援につながるような教材やプログラムの提供などを強化
- 地域住民はもとより、国内・国外の多くの人々が知的好奇心を満たしつつ広く交流することのできる場としての役割を強化
- 博物館の事業やその地域のあり方、社会的課題解決の方法などについて共に議論し、博物館の事業の改善や住民の主体的な活動につなげていくこともいっそう重要

　2022年（令和4年）8月「第11期中央教育審議会生涯学習分科会における議論の整理　〜全ての人のウェルビーイングを実現する、共に学び支えあう生涯学習・社会教育に向けて〜」がまとめられ、「職業や生活に役立つような知識を身につけ自己実現を図るためのもの。他者との学びあい、教えあいにより豊かな学びにつながるもの」とする生涯学習の役割が示されました。さらに、ウェルビーイングや社会的包摂の実現を図る役割、地域コミュニティの基盤としての役割など、生涯学習が担う役割においても、近年の急激な社会状況や構造の変化に伴い、時代・社会の状況に対応した変化が求められていることも指摘されています。

1.3.5　生涯学習社会における博物館の課題と展望

　ここでは、法的根拠、生涯学習の理念に照らして博物館が提供する学習の機会とは何かを考えていきます。

　1990年（平成2年）の社会教育施設分科会において「博物館の整備・運営の在り方について」検討がはじまりました。ますます多様化、高度化する学習活動に対応し、生涯学習を振興するための施設として博物館が機能していくための課題を提起しています。

> - 教育普及活動においても利用者の要望に適切に応えるためには不十分な状況にある
> - 博物館がこれからの生涯学習時代において期待される役割を十分果たし、利用者に「親しまれる」「開かれた」博物館として一層発展するため、その整備運営の在り方等をここにとりまとめた

　1998年（平成10年）の生涯学習審議会の答申「社会の変化に対応した今後の社会教育行政の在り方について」では、社会教育行政を巡る新たな状況と今後の方向として「地域住民の多様化・高度化する学習ニーズへの対応」「生涯学習社会の構築に向けた社会教育行政」などをあげ変革を促しています。

> 現在の博物館に求められる機能は、単なる収蔵や展示にとどまらず、調査研究や教育普及活動、さらには、参加体験型活動の充実など多様化・高度化している。こうした状況を踏まえると、博物館の種類を問わず、現行のような定量的かつ詳細な基準を画一的に示すことは、現状に合致しない部分が現れている。このため、現在の博物館の望ましい基準を大綱化・弾力化の方向で見直すことを検討する必要がある

　日本の博物館界では、この答申を受け日本博物館協会を中心に生涯学習機関としての博物館のあり方を検証しました。2001年（平成13年）『対話と連携』の博物館」と2003年（平成15年）「博物館の望ましい姿-市民とともに創る新時代博物館-」の報告では、収集・保管、調査研究、展示公開という博物館の根幹を強化し、生涯学習とのかかわりから交流・市民参画・連携する学習支援機関としての役割を担っていく必要性が強調されました。

> 21世紀にふさわしい望ましい博物館とは「知識社会」における新しい市民需要に応えるため、「対話と連携」を運営の基礎に据え、市民とともに新しい価値を創造し、生涯学習活動の中核として機能する、新時代の博物館である
> 〔『対話と連携』の博物館（2001）〕

　なかでも、展示と教育普及活動は「市民との対話のツール（道具である）」「市民が楽しく（エンジョイメント）学び（スタディ）、精神を開放し甦生

（レクリエーション）する者となるよう努めるべき」であるとし「市民との「対話と連携」を強め、生涯学習機関としての機能を高め、参加協力するボランティアの受け入れ体制を強化すること」を求めています。

　2007年（平成19年）の「新しい時代の博物館制度のあり方について」では、生涯学習社会への対応を「教育基本法の改正等を契機とし、生涯学習社会の実現に向けて博物館の役割を果たす必要」とし、市民とともに資料を「探求」し、知の楽しみを「分かち合う」博物館文化の創造を提言しています。そして「これからの博物館は多様化・高度化する学習者の知的欲求に応えるべく、自主的な研究グループやボランティア活動などを通じて、学習者とのコミュニケーションを活性化していく必要がある」と表しています。

　生涯学習を推進し、生涯学習社会の実現に向け、博物館は収集・保存するコレクション、調査研究の成果をもとに、学習者に向けて行われる展示や講座・講演会・ワークショップ、体験学習など教育普及事業を進展させる必要性が強く主張されています。加えてボランティアとして博物館活動に参加・参画する学習者、学習成果を教育活動に転換する学習者らとともに博物館活動全般の活性化を図り、博物館が保有する「知」の伝承、循環、交流を果たしていかなければなりません。

　2017年（平成29年）「文化芸術振興基本法」が改正され、「文化芸術基本法」に改められました。この改正によって、文化芸術の振興にとどまらず、観光、まちづくり、国際交流、福祉、教育、産業その他の関連分野における施策を本法の範囲にとり込むとともに、文化芸術により生み出されるさまざまな価値を文化芸術の継承、発展および創造に活用していくことが示されました。

　さらに、2023年（令和5年）3月「文化芸術基本法」に基づき、「文化芸術推進基本計画（第2期）」が閣議決定されました。同計画では、文化芸術政策の中長期目標として、「文化芸術の創造・発展・継承と教育・参加機会の提供」「創造的で活力ある社会の形成」「心豊かで多様性のある社会の形成」「持続可能で回復力のある地域における文化コミュニティの形成」の4つの目標が掲げられ、これらの目標のもと、心豊かで活力ある社会を形成するため「文化芸術と経済の好循環」の実現をめざした「文化資源の保存

と活用の一層の促進」「文化芸術を通じた次代を担う子供たちの育成」「多様性を尊重した文化芸術の振興」「文化芸術を通じた地方創生の推進」「デジタル技術を活用した文化芸術活動の推進」ほか7つの重点取組が定められ、推進されています。

　加えて2022年（令和4年）4月、博物館法が改正され、第一条「この法律は、社会教育法（昭和二十四年法律第二百七号）及び文化芸術基本法（平成十三年法律第百四十八号）の精神に基づき、博物館の設置及び運営に関して必要な事項を定め、その健全な発達を図り、もつて国民の教育、学術及び文化の発展に寄与することを目的とする。」として「文化芸術基本法」の精神に基づくという事項が追加されました。

　これにより、社会教育施設としての博物館に多様な機能が求められるようになりました。

〈参考文献〉
1)　今西幸蔵：生涯学習論入門，法律文化社（2011）
2)　大堀哲 編：司書・学芸員をめざす人への生涯学習概論，樹村房（2002）

1.4 博物館教育の実践に役立つ理論

博物館教育を考え、実践するうえで役立つ理論は数多く知られています。本節では、近年の博物館教育に大きな影響を与えたものを選び、基本的な事柄について説明します。

1.4.1 博物館利用者の理解に役立つ理論

　教育の定義は国や地域、時代、立場、人によって多様になされます。これまで時間をかけて先人たちが考えてきたさまざまな理論をきちんと勉強し、博物館教育の実践に活かしていくことがとても重要です。日本の博物館において博物館教育の実践が長らく続けられていますが、実践をもとに理論化することはあまりありませんでした。しかし、欧米においては、博物館教育を考える際にさまざまな分野の理論を応用するとともに、博物館における学びについての理論化も進められています。

　「理論は難しい」「博物館教育普及事業の実践や日々の業務に時間がとられて、理論を勉強したり振り返ったりする時間がない」「理論を知らなくても実践はできる」という声を博物館現場から聞くことがあります。しかし、理論と実践には互いに切り離すことのできない相互関係があるといえるでしょう。理論を導き出し検証するには実践（の場）が必要ですし、博物館の教育普及担当者（エデュケーター）が責任をもってよりよい実践を行うためには、理論を踏まえて学びの環境をつくることが大切です。さまざまな理論は博物館教育を支える背骨もしくは土台となります。

　博物館教育の目的と内容は、展示や教育普及プログラムなどのあらゆる博物館事業活動を通して具現化されますが、博物館利用者*についての理解がその第一歩となります。それは単に、どのような年齢層の人々を対象

---

*本節では「来館者（visitor）」は実際に博物館へ来る人を意味し、「博物館利用者（audience）」は非来館者（博物館に来ない人）、潜在的来館者（まだ来ていないが将来利用する可能性のある人）、バーチャルユーザーも含めた広い意味で用いています。

にして実施するかを検討するという狭義の意味ではなく、人間そのものへの洞察といえます。

　まず、博物館利用者を理解するのに役立つ理論として、ジャン・ピアジェの唱えた「認知的発達段階説」と、エリク・エリクソンの「ライフサイクル論」について見ていきましょう[1-4]。

　ピアジェは、主体である学習者が既得している心的構造・認知の様式（シェマ schema）によって、客体である外界に働きかけ、対象をとり入れ（同化 assimilation）、既存のシェマが通用しない事象に出合うと、対象に合わせてシェマを変えて適応する（調節 accommodation）と考えました。そして、下記の各発達段階において、同化と調節を均衡しようとする（均衡化 equilibration）としました。

> ① 感覚運動期（0～2歳、乳児期）
> 　言語発達以前の時期で、生得的な感覚と身体運動をくり返すことで外界を認知しようとし、単純な反射から複雑な活動へと発達します。
> ② 前操作期（1.5、2～6、7歳、幼児期）
> 　言語や象徴的思考が発達しますが、論理的思考、一般化、抽象化、概念化はまだできません。例えば、コップの水を形の違うコップに移してもその量は変わらないという、保存の概念が理解できず見かけにより判断します。また、自分の視点からのみ物事を捉える自己中心性 egocentrism が特徴です。
> ③ 具体的操作期（6、7～11、12歳、児童期）
> 　具体的な事柄に対して論理的思考が可能となり、先に述べた保存の概念も獲得されます。自己中心性が減少し、他者の視点に立てるようになります。
> ④ 形式的操作期（11、12歳以上、青年期）
> 　抽象的な事柄に対しても論理的思考をすることができるようになり、仮定・推論も可能になります。

　エリクソンは自我と社会との関連に注目して、人生を8つの発達段階に分け、各段階で獲得されるべき心理社会的な課題を想定しました。そして、それぞれの課題を達成することによって次の段階にスムーズに進むことが

でき、自我が確立されると考えました。

① 乳児期の基本的信頼感	② 幼児前期の自律性
③ 幼児後期の積極性	④ 児童期の勤勉性
⑤ 青年期の自我同一性	⑥ 初期成年期の親密性
⑦ 成年期の生殖性	⑧ 成熟期の完全性

次に、ハワード・ガードナーが唱えた「多重知能理論 multiple intelligence」について見ていきます[5]。知能は知能指数 intelligence quotient のみで示されるとされていましたが、ガードナーは知能指数至上主義を批判して、誰でも複数の知能をもっているとし、以下のように、知能の多重性について整理しました（当初は7つでしたが、後から8番目の知能が加えられました）。そして、それぞれの知能の強弱による個人差が、人間の個性につながるのだと考えました。

① 言語的知能	言葉とその意味を扱う知能
② 論理数学的知能	論理的、科学的、抽象的なモデルを操作する知能
③ 音楽的知能	音楽やリズムを認識したりつくったりする知能
④ 空間的知能	三次元の空間で考えたり再現したりする知能
⑤ 身体運動的知能	体の一部または全体を使って、問題を解決したり自分の考えを伝えたりする知能
⑥ 対人的知能	他の人々のモチベーションや熱意を感じとり理解する知能
⑦ 内省的知能	自分自身を理解し、世間とのかかわりに生かす知能
⑧ 博物的知能	自然環境を区別や識別し、上手に活用する知能

　博物館利用者は多様であるとよくいわれますが、それは属性にかかわる多様性だけではありません。これまで見てきたピアジェ、エリクソン、ガードナーが整理した理論モデルからわかるように、人は自分たちのまわりの世界とのかかわり方や理解の仕方、自己の表現方法も本質的に多様なので

す。博物館はこれらの理論を土台として、多様な博物館利用者のための、多様な学びの環境づくりに努めていかなければなりません。

1.4.2 学習理論・知識論

「学習理論 education theory」は「学習」というものをどのように見るかという考え方です。そこでは「知識」というものをどのように捉えるかという「知識論 theory of knowledge」が大きく関係しています。知るということがどういうことかを考えるのは、教育に携わるうえで重要なことです。つまり、知識をどう捉えるかによって、学びや教え方の理論と実践も違ってくるのです。

図1.4に表したように、知識論には知識が学習者から独立した存在であるという見方と、知識とは学習者の内面にあって構築されるものであるという考え方があります。そして、学習理論には学びは受動的な学習者のなかに少しずつ加えられ、増えていくものだという捉え方があります。この捉え方は、知識はもっている人から何も知らない人に教えられるもので、空っぽの壺に水を注ぎこむようなこと、または、真っ白な板に記されていくようなこととたとえられます。一方、学びは能動的で、学習者の内面の再構築へとつながるという見方があります。知識論と学習理論におけるこれらの見方は二極として対立しているのではなく、それぞれ連続体モデルであり、さまざまな知識論と学習理論がこれらの見方の間に適宜位置づけられます[6]。

図1.4　知識論と学習理論の連続体モデル
〔Hein, G. E., p.18,23（1998）を一部改変〕

ジョン・デューイは学習というものの見方を変えたアメリカを代表する哲学者、教育思想家です。デューイは知識を外部から教え込むという伝統的教育観と、内部から学びは発達すると考えた進歩主義的教育観の二項対立的な論争は不毛であり、教育の本質は何かを考えることが必要であると主張しました。そして、経験が教育にとって非常に重要で、子どもは行動することで学ぶと考え、学習者が自ら問題を発見し解決していく能力を身につける、問題解決学習 problem-solving learning が重要だとしました。

　しかし、すべての経験が教育的なものになるとは限らない、教育と経験を同じものだと考えてはいけないということも指摘しています。つまり、経験の質が大切だということです。経験には時間的な連続性と相互作用という2つの原理があるといいます。まず、過去の経験があって現在の経験があり未来の経験へとつながるため、過去の経験がその後の経験の質に影響を与えるという連続性があります。そして、学習者（内的条件）がまわりの環境（外的条件）に働きかけるという相互作用によって経験は成り立っており、反省によって経験を再構築するのだと考えました[7,8]。

1.4.3 博物館を対象にした理論

　これまで見てきた認知発達、知識、学習に関する理論は、日常生活や学校教育などの場で観察された事象を分析し、提唱されてきたものです。ここでは、博物館を直接的な対象として展開された理論をいくつか説明します。

　ジョン・フォークとリン・ディアーキングは、「相互作用による体験モデル Interactive Experience Model」（図1.5）を用いて、来館者の博物館

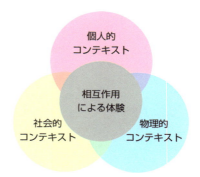

図1.5　相互作用による体験モデル
〔Falk, J. H. & Dierking, L. D., p.5（1992）〕

体験を理解しようとしました。下記の3つのコンテキスト context（文脈、状況）が相互に作用して、来館者の博物館体験を形成すると考えました[9]。

- 個人的コンテキスト
  既存の知識や経験、興味関心、来館頻度など、来館者個人に帰する独特なもの
- 社会的コンテキスト
  他者との関係や影響。他者には同行者、他の来館者、博物館スタッフなどを含む
- 物理的コンテキスト
  博物館の建物、雰囲気、空間、展示物、設備などの物理的な環境

　これらのコンテキストは来館者自身が意識していなくても、来館者がどのような博物館体験をするか、また、その体験の質に大きく影響を及ぼします。そのため、来館者によりよい博物館体験をしてもらえるように考える際には、どのコンテキストについても十分に考慮し、総合的に捉えることが重要となります。

　これまで見てきたように、博物館教育にはさまざまな理論が応用されますが、特に「構成主義 constructivism」の教育理論が近年は注目されています。構成主義はある特定の理論をさすのではなく、理論構築をするため

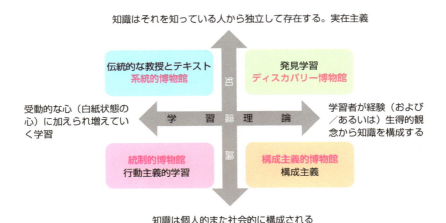

図 1.6　博物館の4つの種類
〔Hein, G. E., p.77（1999）を一部改変〕

のもととなる基本的な考え方（哲学）を共有している理論や実践を示すものであり[10]、定義することは難しいのですが、学習者の主体性を重要な前提としている考え方です。先に述べたピアジェの認知発達理論も、主体である学習者が客体である外界に働きかけて学んでいくという点では、構成主義の側面をもつといえるでしょう。

ジョージ・ハインは前項で解説した知識論と学習理論を用いて、**図1.6**のように博物館のあり方をまとめました[11, 12]。

この構成主義的博物館では、来館者が能動的に参加し展示物を見て自分なりの意味を主体的に構築し、また、このような知識を得ていくプロセスそのものが構成主義的な行為なのだとされています。そして、体験を前向きなものにするためには、来館者の慣れ親しんだ既存知識が、博物館で見るもの、参加するもの、感じることなどと関連づけられるようになっていることが必要だと指摘しています。つまり、慣れ親しんでいる事象と結びつけることができなければ、何かを学ぶということは不可能だということです。新しい概念や知識を組み込むためには、すでに自分たちが知っていることとのつながりが必要で、構成主義的博物館は来館者がこのつながりをつくれるように、意識的にあらゆる努力をするのだとしています。

最後に、アイリーン・フーパーグリーンヒルが博物館に適用した、コミュニケーションの理論モデルについて紹介します。

まず、「伝達的アプローチ transmission approach」（**図1.7**）と呼ばれるコミュニケーションモデルがあります。

図1.7　伝達的アプローチによるコミュニケーション
〔Hooper-Greenhill, E., p.16（1999）を一部改変〕

伝達的アプローチには次のような特徴があります[13]。

- 博物館関係者に最も知られているコミュニケーションモデル
- マスコミュニケーションにおいてよく用いられる
- 知識や情報をより多く効率的に伝えることをめざす
- 刺激と反応という教育理論に基づく
- 知識は学習者から独立して存在していると考える
- 情報は豊富にもつ送り手から受け手に向けて一方的に送られる
- 受け手は受動的であると考える
- 受け手側の反応には注目しない

次に、彼女は博物館にとっての新しいコミュニケーションモデルを考えました（**図1.8**）[14]。

図1.8　博物館にとっての新しいコミュニケーションモデル
〔Hooper-Greenhill, E., p.25（1994）を一部改変〕

　情報の発信者として位置づけられていたコミュニケーターは、ここではチーム体制によるものとなり、学芸員、デザイナー、保存修復士、博物館利用者などの興味関心が含まれていきます。情報の受け手とされていた側は、積極的にメディアと対峙し、自分なりの意味を構築していく者と考えられています。さらに、以下の特徴ももっています。

- 受け手は自分の経験や既存知識を利用し、解釈する
- 意味は常に変化すると考える
- 両者の中間に位置する媒体は、建物、人々、展示、トイレなどのあらゆる要素を含む

1.4　博物館教育の実践に役立つ理論　**37**

フーパーグリーンヒルはさらに進めて、博物館における「文化的アプローチ cultural approach」（**図 1.9**）によるコミュニケーションモデルを示しました[15]。このコミュニケーションモデルは構成主義に基づいており、次のように考えられています。

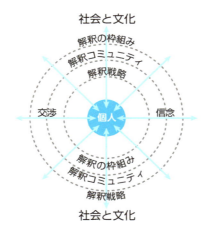

図 1.9　文化的アプローチによるコミュニケーション
〔Hooper-Greenhill, E., p.17（1999）を一部改変〕

- 現実は完全なものではなく、自分の世界と外部の世界との間で絶え間ない「交渉」を行うことによってかたちづくられると考える
- 自分が帰属する解釈コミュニティの解釈の枠組みを使って、自分なりの意味を能動的につくろうとする
- 個人の社会的・文化的背景、既存知識、経験を使う
- コミュニケーションは徹底的に文化的なもので、文化はコミュニケーションがなければ成り立たない
- コミュニケーションはかたちづくる、参加する、関連づけるという文化的プロセスであると考える

　コミュニケーションというものをどう捉えるかによって、展示や教育普及プログラムのあり方にも影響を与えます。

これまで見てきたように、博物館を豊かな学びの場・環境とするためには、博物館にかかわるいろいろな要素を多角的かつ包括的に検討することが欠かせません。

　さまざまな研究者たちが提唱する理論は、それらが生み出された時代の社会的文化的背景をもっていて、不十分なところや批判されるところもあります。しかし、存在そのものが複雑な人間の、さらに複雑な行動や学びというものを明らかにしていこうとするとき、あるひとつの理論モデルですべてを表せると考えるのは無理があります。万人に対応できる方法はないのです。

　博物館教育に携わるエデュケーターは、多様な理論モデル・概念的枠組みを勉強し、博物館教育の目的、内容、対象者に応じて、最適な理論モデルと方法を組み合わせ、実践をよりよいものにしていくことが大切です。どの理論がより優れているかというような視点で理論を捉えるのではなく、さまざまな理論を学びましょう。

　それらをもとに手持ちのカードをたくさん増やすほど、多様な博物館利用者のための学びの環境をつくることができるようになるのです。

〈引用文献〉
1) 澤田昭,関崎一 編：現代の心理学,p.150, pp.160-163, 小林出版（1981）
2) 宮本佳郎,古厩勝彦 編：教育心理学,pp.20-27, 福村出版（1983）
3) Piers, M. W.(ed.)：*Play and Development*（1972）；赤塚徳郎,森楙 監訳：遊びと発達の心理学,pp.11-26, pp.146-193, 黎明書房（2007）
4) 波多野完治 編：ピアジェの発達心理学,pp.7-33, 国土社（1993）
5) Gardner, H.：*Multiple Intelligences – The Theory in Practice*（1993）；黒上晴夫 監訳：多元的知能の世界 – MI理論の活用と可能性,pp.14-37, 日本文教出版（2003）
6) Hein, G. E.：*Learning in the Museum*, Routledge, pp.16-23（1998）
7) Dewey, J.：*Interest and Effort in Education*（1913）；杉浦博 訳,教育における興味と努力,明治図書（1972）
8) 谷口忠顕：デューイの知識論,pp.101-129, 九州大学出版会（1991）
9) Falk, J. H. and Dierking, L. D.：*The Museum Experience*, Whalesback Books, pp.1-7（1992）
10) 久保田賢一：構成主義パラダイムと学習環境デザイン,p.50, 関西大学出版部（2000）

11) Hein, G. E. : The constructivist museum, in Hooper- Greenhill, E.(ed.) *The Educational Role of the Museum second edition*, Routledge, pp.73-79 (1999)
12) Hein, G. E. : *Learning in the Museum*, Routledge, pp.25-35, pp.155-157 (1998)
13) Hooper-Greenhill, E. : Education, communication and interpretation, in Hooper-Greenhill, E.(ed.) *The Educational Role of the Museum second edition*, Routledge, pp.15-16 (1999)
14) Hooper-Greenhill, E. : A new communication model for museums, in Hooper-Greenhill, E.(ed.) *The Educational Role of the Museum*, Routledge, pp.22-26 (1994)
15) Hooper-Greenhill, E. : Education, communication and interpretation, in Hooper-Greenhill, E.(ed.) *The Educational Role of the Museum second edition*, Routledge, pp.16-19 (1999)

第 2 章

博物館教育の方法

博物館実習での学生による展示制作〔撮影：黒澤 浩〕

キーワード

展示理解　　VTS
展示図録　　地域回想法
情報提供　　博物館実習
体験学習　　ワークショップ
ファシリテーター
解説シート／ワークシート
ユニバーサル・ミュージアム

2.1 見ること・聴くことによる学び

　博物館の展示物は、それだけでは黙して語ってくれません。そこで、さまざまなかたちで展示物および展示自体に関する説明が必要になります。なかでも言葉による説明がもっとも一般的な方法でしょう。来館者は、言葉による説明を受けて、展示を理解していきます。そして、それが博物館での学びの第一歩となります。

2.1.1 講座・講演会

　博物館における学びは展示がその中心を担いますが、展示や博物館の収蔵資料に関連する講座・講演会も欠くことのできないもののひとつです。展示が博物館教育の中心であるとすれば、講座・講演会はその理解をさらに深める補完的な性格をもっており、教育的な効果に加え、館活動の周知などさまざまな利点があります。以下では、実施にあたっての手順や注意点、期待される効果について述べます。

A. 企画

a. 開講の目的

　開講にあたって前提となるのが動機と目的であり、特別展や企画展に関連する場合は展示の広報と入館者数増、また開館〇周年などの記念事業の場合は博物館そのものや収蔵資料をアピールするため、事業の周知とより多くの参加者数を得ることが重要になります。一方、博物館の日常的な教育活動として行う定期開催講座は、リピーターの確保と新規参加者の獲得、また来館機会の提供という側面をもちます。こうしたそれぞれの動機と目的に基づいて、内容や規模を設定します。

b. ターゲット層と開催時期・規模の設定

　まず、目的に応じて参加を見込む層を想定します。できるだけ多くの一般参加を見込むのであれば、土・日・祝日の午後が最適です。また、都市部であれば学生や社会人が学校や仕事を終えた後でも参加できるよう、平

日の夜に設定することも可能です。開催時期は、原則として関連するイベントの時期に合わせますが、式典や展覧会の開幕に合わせて行う場合のほか、長期にわたる告知効果を見込んで会期の中盤に設定したり、あるいは連続講座として会期中に数度開催するケースがあります。

開催の形態は、以下の3通りにまとめられます。

> ① 1名の講師による単発講座
> ② 複数の講師による単発のシンポジウム形式
> ③ 複数の講師による連続講座

一度に多くの参加者を募るのであれば、①または②が適当です。それぞれ数十から数百名程度の参加者を見込むことになります。①は午後開催で、所要時間は90〜120分が標準的です。②は午後半日か、午前中から夕方にかけての開催となります。規模が大きくなるほど準備にかかる作業と時間、そして多くのスタッフが必要になることを念頭に置かねばなりません。一方、③は複数日となり、全日程で参加できる人は限られることから、参加人数は①や②よりも少なくなります。回数が多くなるほど参加人数は減るので、おおむね4〜5回、半期・通年では10回程度が目安です。

実例　明治大学における多彩な講座の展開

明治大学博物館では3種類の講座を実施しており、有料のものが主体です（広報・申し込み受付・受講料管理・開催通知・会場設営事務は別部署が担当）。平日開催のものが多いため、参加者は60代以上の方々が主体です。

①入門講座（図）

初心者を対象に、学芸員が博物館の収蔵資料や自分の専門分野について3〜5回の連続講座で講義します。1回あたり90分で、20〜30名程度の定員に抑え、実物資料に触れる体験（ハンズ・オン）をとり入れているものもあります。平日の昼間に開講しています。

図　入門講座の様子〔写真提供：明治大学博物館〕

②**公開講座**

　春と秋の2回、それぞれ特定のテーマで4〜5回シリーズを組み、学内の教員や外部の研究者に講師を依頼します。自館の学芸員が講師を務めることもあります。講義時間は90分で、定員は対面とオンラインを合わせて100名程度です。開講時間は、かつては近隣へ通勤している方々を考慮して金曜日の18：00からとしていました。しかし、コロナ禍後にオンライン方式を併用し、見逃し配信を導入してからは、対面で参加しやすい14：00〜16：00に開講時間を早めています。友の会発足のきっかけとなった考古学の講座は35年以上にわたって続いています。

③**特別展・企画展関連講座**

　特別展・企画展の開催に合わせ、関連したテーマで行います。開幕記念講演会のみを開幕日に行うケースと、それに加えて連続講座を組む場合があります。定員は100名ほどで、開講日は平日、または土・日・祝日などさまざまです。

B. 開催準備

a. 内容と講師の決定

　まず具体的な内容と講師を決定します。講座の成否を左右する非常に重要な作業ですので十分に検討を重ねましょう。開催規模が大きい場合、速報性や話題性、地域性、時代性を備え、幅広い人々が関心をもつと考えられる内容にする必要があります。タイトルは誰もが知るキーワードを含み、

一読して概要が想定できるものが望ましいでしょう。また、近年は各種機関・団体が主催する講座・講演会が相当数開催されているため、ほかですでに行われたものと内容がかぶらないか、またマンネリ化していないか、マニアックすぎるものになっていないかなどの点も十分に確認しましょう。

　内容が決まれば、専門性を備えた講師候補の案を固めます。断られる事態も想定し、複数の候補を挙げておくとより安心です。講師に依頼をし、了承が得られたら内容について話し合い、正式な講演タイトルを決定します。この際、報酬（講師料）の金額についても伝えておきましょう。所属機関によっては講師が報酬を受けとれないケースもあるためです。

b. 講演資料などの準備

　講演資料原稿の締め切り（印刷・製本する場合は開催の1か月以上前、コピーの場合は1週間前程度）と提出方法、映像などの提示方法（パソコン、プロジェクター、教材提示装置の使用の有無）、当日の集合時間とスケジュール、交通費、宿泊費の支払い方法など詳細について手紙またはメールにて連絡します*。

　講演資料や当日の映写資料の作成にあたり、著作権の問題がないものを使用するよう講師に確認しましょう。特に、開催後にオンラインで資料や動画を公開する場合は、不特定多数の人々に長期間公開することになるため確認が必要です。

　また、パワーポイントなどプレゼンテーションソフトを使った映写資料のデータは、事前に講師からメールなどで送付してもらい（未完成段階でもよい）、会場のパソコンで動作確認をしておくとよいでしょう。近年は講演において印刷物の講演資料より映写資料の比重が高くなり、機器やデータの不具合が講演の成否に与える影響が非常に大きくなっています。予備のパソコンも用意しておくなど、万一に備えて十分な準備をしておきましょう。

c. 会場の確保

　開催日程が決まれば、すぐに会場の確保を行います。大規模な講座の場合、収容人員が多い会場は数が少ないうえ、特に春・秋などイベントが多い季節は施設の予約がすぐ埋まってしまうため早期に確保する必要があり

＊講師への最初の依頼は、メールではなく電話で行いましょう。担当者の誠意と意欲が伝わり、交渉がスムーズに進みます。

ます。また講座の形態と会場、定員が決まれば必要な経費が固まります。割合としては会場使用料・講師料・交通費・広報費（ポスター・チラシの印刷費とその発送費、媒体で広告を出稿する場合は広告費）が大きく、さらに資料の印刷・製本費がこれに加わります。

d. 講座案内の作成と広報

次いで、広報用の講座案内を作成します（**図2.1**）。講座の名目（特別展記念講演、博物館開館○周年記念講演、博物館公開講座など）、講演タイトル、趣旨、講師名、日時（タイムスケジュール）、会場、主催者名、料金（有料・無料）、申し込み方法、連絡先などです。チラシであれば、裏面に講師プロフィールや講演要旨、関連イベントの案内を入れてもよいでしょう。これらの情報を、公式ホームページやSNS、関連サイト、広報誌なども活用して開催3か月前をめどに広報をはじめます。

図2.1　開催案内の例

C. Webを利用したオンライン方式での開催

a. オンライン方式のメリットとデメリット

コロナ禍以後、ZoomをはじめとするWeb会議ツールの急速な普及により、講座や講演会をオンライン方式で開催する例が増えてきました。これには、次のようなメリットがあります。

> ① 開催費用が抑えられる
> ② 遠方からの参加者が期待できる
> ③ 録画と録画データの公開が行いやすい

①は、オンライン会議ツールの利用料（参加人数や仕様で料金が異なる場合もある）を主催者が負担する必要がありますが、講師が自宅からオン

ライン接続して講演する場合は交通費が不要になります。また、講演資料はメールで参加者に送付するので、印刷費が軽減できます。さらに会場の確保が不要で、当日のスタッフも司会・パソコン操作担当・バックアップおよび配信状況確認担当など数名で賄えることも利点です。②は、参加者が通信機能のある媒体をもっていれば参加が可能なため、対面開催よりも広範囲の地域から参加が期待できます。広報についても、対象となる層はインターネットを使用できることが前提であることから、ホームページやSNSのみで高い効果が得られます。③は、Web会議ツールの機能を使用すれば、発表者の映写資料や音声を容易に録画・録音することが可能です。また、簡易な動画編集やYouTubeなどによる事後公開は高度な専門知識がなくても作業が可能であるため、低予算で実施することができます。また、録画を事後公開（見逃し配信を含む）し、いつでも視聴可能とすることで、仕事などの都合で参加を見送っていた層の参加が期待できます。

　一方で、デメリットもあります。

① 機器トラブルのおそれがある
② 参加者の反応がわかりにくい
③ 対面参加者が減少する。また、オンライン機器を使用できない層が受講できなくなる

　①は、講師が自宅からオンライン接続した際に、講師側の機器や通信環境にトラブルが生じた場合に主催者側ではフォローが不可能なため、最悪の場合は講演そのものが実施できなくなるおそれがあります。これを防ぐには、主催者側で用意した施設・会場にスタッフと機器を用意し、来場した講師がそこからオンライン接続する形が望ましいでしょう。②オンライン会議ツール使用時には、通信量が増大すると講師側からの動画や音声がスムーズに再生されなくなることがあります。これを防ぐために、参加者の画像や音声は基本的にオフにする必要がありますが、そうなると講師からは参加者の反応がまったくわかりません。一方通行になるため、やりにくさを感じる講師もいます。③オンライン講座は自宅で好きな時間に受講できるメリットがある半面、それに慣れてしまうと、対面講座を受講した場合にかかる移動時間や交通費を負担に感じてしまい、講座のメリットの

ひとつである来館動機につながらなくなってしまいます。また、日常的にパソコンやスマートホンを使用しない方々にとっては、受講そのものが不可能になります。場合によっては受講希望者向けに会場を用意し、同時配信を視聴してもらうといった対応が必要になります。

b. 対面方式とのハイブリッド開催

　このデメリットを解消する方法として、対面とオンラインを併用したハイブリッド方式があります。①②についてはある程度解決できるものの、③については対面よりもオンラインの参加者が多くなる傾向があるため、対面参加者が少なく会場の盛り上がりを欠き、講師にとってはやりづらい状況になってしまいます。そのため、基本は対面開催とし、希望者には後日録画を配信する、という方法も考えられます。

　また、ハイブリッド方式の場合は、対面とオンライン両方の状況を同時に確認しながら進行する必要があるので、スタッフの負担が増えます。100名を超えるような大規模な講演会の場合、オンライン機器・Web会議ツールの不具合や操作ミスはオンライン参加者への影響が大きいので、安全な運営を優先するのであれば、オンライン部分に関しては専門の業者に委託することも選択肢のひとつです。

c. オンライン方式による開催時の注意

　ハイブリッドで開催する場合の準備と手順は、基本的に対面開催と同様です。対面とオンラインでは資料の内容を使い分ける講師もいるので、講師依頼時にオンラインでも配信（同時または事後の録画公開）を行う旨について必ず本人に伝え、了解をとりましょう。開催時は、講師の動きや板書を映写する場合には、会場にカメラを別途用意し適宜カメラ画像と講師が使用する映写資料画像との切り替えをスタッフ側で操作する必要があります。

　オンラインのみで開催する場合は、講師の自宅から行うケースと、主催者側で用意した会場から行うケースがあります。講師の自宅から行う場合は、過去のオンライン会議や講義経験の有無の確認や講演当日と同じ条件で接続を試行するなどして、Wi-Fiなどオンライン通信環境に接続不良の不具合がないか確認しましょう。不安がある場合は、主催者側で用意した会場に講師を招いて実施するほうが安心です。

　オンライン方式はメリットも大きい反面、機器や通信環境などにトラブ

ルが生じた場合、対処できず中止になってしまう危険性もあります。開催前には、十分に検討を重ね、トラブルが起きた場合の対処も準備したうえで臨むようにしましょう。

D. 設営と実施

　開催当日は2時間ほど前から会場を設営し、関係者席の確保、会場案内と受付の設置を行います。1時間前には受付を開始し、資料を配布します。講師の到着は遅くとも30分前とし、映像機器を使用する場合は講師立ち会いのもとで動作確認を行っておくと安心です。また、会場には少なくとも2名以上のスタッフを配置し、参加者の要望やトラブルに対応できるようにしておきます。

　開始時刻になったら、司会者（主催者側の担当者）から講座の趣旨と講師紹介を述べて講師にマイクを預けます。講演中は、マイクの音量と位置、映像機器使用時の照明操作、タイムキープなど、参加者が集中して講演を聴くことができるよう会場全体を見渡して不備がないか確認します。また、記録用の写真を撮影（参加者の顔は写らないように配慮する）しておくと、開催報告等の記事作成時に役立ちます。なお、質疑が長引くのを防ぐため、質問時間はあらかじめ設定せず、講演終了後に個別に受け付けたほうがよいでしょう。講師の話が予定よりも早く終わった場合には会場から質問を受け付けることで時間を調節できます。参加者からの質問が長すぎたり、わかりにくい場合は司会者がフォローし、講師がスムーズに回答できるよう配慮しましょう。

　終了後にホームページや広報誌など速報性のある媒体で開催報告を行うことや、アンケートを集計して参加者の傾向や要望を把握しておくことも大切です。アンケートには博物館に関心がある層の興味関心の傾向が反映されるため、次回の講座や展示を企画する際の重要なヒントとなります。

E. 講座・講演会の効果

　前述のように、講座・講演会の準備と実施には多くの時間と労力がかかりますが、得られる効果は大きいものがあります。広範囲に開催を周知するため、博物館の活動を一般に印象づけられるうえ、博物館の研究や事業の方向性も同時にアピールすることができます。展示と異なり、パネルや台などの製作や資料の輸送を伴わないため、予算や技術・施設的な面で展

示が難しいような分野をはじめ、さまざまなテーマを扱うことができるのも利点といえます。

　教育的な観点からいえば、開催により特定のテーマへの理解が深まり、また次の学習の展開へとつながります。過去に博物館を訪れたことがある方々に再度来館してもらう動機づけとなるほか、講座のたびに来館してくれる「リピーター」を獲得できる可能性もあります。加えて、対面方式での開催では、人が集まることによって起きる「熱」も見逃せない効果です。特に特別展の開幕記念講演などは、多くの参加者が集まることによって、華々しさと高揚感を生み出し、講演後に展示を再度見学したり口コミで魅力を他の人々に伝えるなどの波及効果をもたらします。また、来館経験がなかった人に対しても博物館の魅力に気づく機会を提供したり、興味関心がある方々の交流の場を生み出すきっかけとなるなど、多岐にわたる効果が期待できるのです。

　一方で対面方式には問題点もあります。

① 日時が限定される
② 参加可能な人数が多くても数百人ほどで、展示よりも格段に少ない
③ 基本的に1回限りの開催であり、内容を忘れられやすい

　③については講演録や記録集など刊行物として残すほか、①〜③は開催後に講演資料や録画をWeb上で公開することでクリアできます。対面式にはオンライン方式の利点もとり入れることでより充実させることができます。

　このように、講座・講演会には博物館に人を引きつける力があり、学びの実感と、人が集まることによる盛り上がりを生み出し、博物館にとって大きな力となります。博物館が提供できる重要な学びの機会であるとともに、展示や他の活動と組み合わせることでより大きな効果を得られる手段のひとつであるといえるのです。

実例　講座から広がる学びの場

　明治大学博物館友の会は、1987年（昭和62年）に博物館（当時は明

治大学考古学博物館）が開催した考古学講座（**図**）に参加した有志によって組織されました（当時の名称は明治大学考古学博物館友の会）。現在では約500名もの会員を擁し、複数の自主勉強会をつくって学びを深めています。友の会会員が博物館講座の主な受講生となっているだけではなく、博物館講座の受講がきっかけとなって友の会に入会する方もいるなど相乗効果もあります。

図　友の会発足のきっかけとなった考古学博物館の講演会（1987年）
〔写真提供：明治大学博物館〕

〈参考文献〉
1)　倉田公裕：博物館学講座 8 博物館教育と普及，pp.28-38, 雄山閣出版（1979）
2)　倉田公裕，矢島國雄：新編 博物館学，pp.232-277, 東京堂出版（1997）

2.1.2　ギャラリートーク

　ぴーんと張り詰めた静寂のなか、心静かに展示物に見入るという展示室のイメージは近頃変わりつつあります。展示室では、展示物の観察と口頭のコミュニケーションを組み合わせた教育活動が盛んになってきています。

A. 展示室における口頭解説

　わずかな文字による説明板を展示物の脇に配置するという解説手法は、現在の博物館展示の基本的なスタイルとなっていますが、それが説明として十分ではないことは自明です。展示の制作に携わった人、あるいは展示

物の専門知識に通じた人が口頭で説明をするのとでは、格段に情報量と見学の質が違ってきます。そこで、2.1.1項でとり上げた講座・講演会とともに、展示室内において、日時を設定して、あるいは来館者の求めに応じてギャラリートークを行うことが考えられます。

B. ギャラリートークとは

「ギャラリートーク」という用語は、広い意味で直訳の「展示室における会話」という概念をさすことになります。しかし、一概に「展示室における会話」といってもギャラリートークの手法はさまざまです。特定のグループを引率して展示を順々に巡る場合はガイドツアー、見どころをかいつまんで紹介する場合はハイライトツアー、あるいは展示室内で講義を行う場合はフロアレクチャーと呼ぶなど一定ではありません。

いちばんオーソドックスな方法は、展示をその叙述に沿うかたちで順々に説明するというやり方です（ガイドツアー）。この方法では展示物に付された説明板の内容をより丁寧に説明します。一方で、展示物に関する情報は多角的であり、説明文に採用できなかった観点からの内容を紹介するという方法もありますし、またいくつかのテーマに特化して掘り下げるという考え方もあります。

単純に展示内容を説明するガイドツアーの場合、学芸員の仕事というよりはボランティア解説員の役割ともなりつつあります。学芸員や専門家による解説には、テーマを絞ってより深く専門性を掘り下げるフロアレクチャーという形態もあります。講義をあえて展示物の間近において行い、また、展示物すべての解説ということではなく、特定のテーマや展示物を選んで行うというところに特徴があります。観客のための椅子が用意されることもあります。講義室ではなく、本物の展示物に囲まれた独特な雰囲気のなかで講義を聴くという経験になります。一点の展示物が比較的大きく、一点のなかでストーリーの完結する美術館ではこのフロアレクチャーをギャラリートークと表現する傾向があるようです。

C. 解説員の養成

ギャラリートークは来館者が理解を深めるうえでとても有用です。しかし、問題は学芸員や専門家が常に展示室に待機して、すべての来館者に応対することは物理的に不可能だということです。そこで、注目されたのが

ボランティアでした。大勢の人材を必要とするギャラリートークの体制は、ボランティア解説員の導入というかたちで整えられ、展示室への解説員の配置が進んでいます。欧米では博物館・美術館での展示解説やイベントの実施に携わる一般市民のボランティアをドーセント docent と呼び、そのような人々の活動が社会的にも認知されています。なかには、長期にわたる研修を受け、採用試験にパスする必要があるなど、社会的な名誉を伴うドーセントも存在します。

　近年、日本においてもこのような解説員の養成が課題となり、訓練の方針や研修プログラムの編成についてさまざまに議論されるようになってきました。展示解説については、①まんべんなく基礎的な知識を習得した者が来館者の幅広い質問に対応する、あるいは②特定のテーマについて知識の深い者が自分自身の見解を述べるという2つの考え方があるようです。歴史系の博物館では①の要望が強く、美術館では解説員ごとに得意な解説テーマを掲げるような②のアプローチが見られます。これには展示解説のスタイル自体が変わってきたことも影響しています。

実例　展示解説のスタイルの変化

　口頭での解説の形態も変化してきています。最初のころは、ガイドツアーを特定の時間にスタートするべく館内放送などで来館者に集合を呼びかけ、展示の最初から順に説明を行いました。そのようにすると、ときには一人の解説者に数十人の来館者がついていく状態となり、解説の対象となっている展示物を目にすることのできる人はほんの数人、残りの人々は話を聴きながらついていくだけでした。時間も30分という当初予定時間を超過して1時間にもなると、説明されている展示物を見られないストレスと立ち詰めの疲労でクタクタです。そのため、近年では、解説はできれば少人数で行われるのが望ましいとされています。

　そのため、ボランティア解説員が展示室に待機し、定時のスタートではなく、来館者の求めに応じ、また、来館者に呼びかけをするかたちでその都度解説に対応するようになりました（図）。説明の仕方もた

だ形式どおりの説明をするのではなく、来館者の興味関心の方向を探りながら、あるいは来館者の意見・感想を聞きながら、また、自らの考えを述べながら対話を重視する方法となりました。これでは、一人の解説者が大勢を引き連れるスタイルではとても対応できません。

図　ボランティア解説員による展示解説〔写真提供：明治大学博物館友の会〕

> **column　対話形式の展示リテラシー教育**
>
> 　展示解説の方法論は近年進化の兆しを見せています。ビジュアル・シンキングあるいは鑑賞教育と呼ばれる観点から、当初は児童・生徒の主体的・論理的思考を訓練する手段として提唱された対話形式の教育方法が、一般の来館者の見学にも有効であると考えられるようになりました。これは事実関係を一方的に伝達するのではなく、問いを発することにより、目の前に提示された展示物や説明に対し、来館者がより主体的に思考し、自らの考えをまとめて理解・解釈するように促すという展示リテラシーともいうべき方法です。これにより、展示物は来館者に対してより強い印象を残し、理解が深まり、また、博物館体験の持続性につながるという点で評価されています。その意味で、解説者はファシリテーターと呼ばれることもあります。

D. 機器を使った音声解説との比較

　口頭での説明が文字による説明に比べて格段に情報量の多いことを指摘しましたが、日本においては、展示室への解説員の配置に先行し、ボタン

を押すと録音された説明が流れるしくみもかなり以前から導入されていました。そして2000年代に入るころに、個人使用の音声ガイド機器が登場します。

　小型の再生機器の導入によって個人利用の道が開かれた音声解説システムでしたが、展示解説の理論の進捗のなかでは、そもそもすべての来館者に対する一律の説明ではなく、来館者の属性に配慮した最適な解説内容を用意する必要が指摘されていました。音声ガイド機器の導入とほぼ同時期に解説員の配置が進んだ理由は、解説員のほうがより柔軟に来館者の要望に対応できるという考えからでした。また、専用機器を大量に用意するには経費がかさむため、大勢の入場者が見込めるような大規模な展覧会以外には導入が難しいという問題もありました。

　近年ではより低いコストで導入が可能なスマートホンに専用のアプリケーションをダウンロードして使用する音声ガイドが普及してきました。オンラインを活用した展示解説や情報提供の手法にはさらなる進化が見込まれていますが、人間どうしのコミュニケーションを重視する考え方もあり、解説員が不要になることはないでしょう。

E. 近年はじまった教育イベント

　ギャラリートークによる展示解説は展示室における教育イベントの基本ですが、近年ではそれ以外にもギャラリーアクティビティと呼ばれるようなさまざまなイベントが展示室内で行われるようになりました。また、博物館施設を利用して、一見、博物館の展示とは無関係に思われるようなイベントも行われています。

　展示室でのイベントは、博物館ならではの手法として、関連する実物資料あるいは教材を用いた体験型イベントなどに進化します。子ども向けには簡単な工作教室やぬり絵、黒曜石の石器で紙を切ってみたり、縄文土器の縄目を粘土板につけてみたりします。大人向けには、職人が製陶のロクロを挽いてみたり、機織りをしたりといったものです。解説者が昔の人の衣装を着て雰囲気づくりをするようなこともあります（イギリスでは演劇学校の生徒などが衣装を着て行うギャラリートークをよく見かけます）。歴史展示であれば、展示にかかわる時代背景をテーマとした時代劇風の寸劇などが行われたりもします。また、コンサートのように、一見、展示内容

とは無関係とも思えるようなイベントも、博物館の利用者の間口を広げるという点で、これまで博物館に関心をもってこなかった人々に利用を訴えかけようという試みといえます。こうしたイベントには一見遊びの要素ばかり目立つ感じもありますが、これは社会的包摂というコミュニティの再構成をめざす行政施策の一環として博物館を活用しよう、博物館が担うべき社会的役割として位置づけようという考え方に基づくものです。

　コミュニティ形成の場という意味で、ギャラリートークは人と人との有用な出会いの機会であり、機器の飛躍的な発達の一方で人間どうしのコミュニケーションを重視すべく、ギャラリートークを担うボランティア解説員の養成・導入は今後も博物館にとって重要なとりくみとなっていくといえます。

基本用語　社会的包摂 social inclusion

　イギリスではトニー・ブレア政権の基本政策 one nation（すべての人を包括する社会形成）に対し、博物館・美術館が貢献できることを文化・メディア・スポーツ省の出版物が2000年に言及しています。それまで政治・福祉の課題とされてきたことについて社会・文化・教育の方面から解決に資するという考え方です。特に社会的に疎外された人々（低所得者、失業者、障がい者、少数民族、移民、性的少数者、高齢者など）を包括するためのコミュニティの再構成が謳われています。社会的包括とも訳されます。

〈参考文献〉
1) 淡交社美術企画部 編：私も美術館でボランティア，淡交社（1999）
2) 上野行一 監修：まなざしの共有―アメリア・アレナスの鑑賞教育に学ぶ，淡交社（2001）

2.1.3　印刷物

　口頭による説明の代替手段として、印刷物を展示室に配置する方法も古くからありました。

A. 解説シート

　ボランティア解説員による恒常的なギャラリートークに先行し、字数の限られた展示ケース内の説明板を補足する手段として設置されたのが解説シートでした（**図2.2**）。手元で説明を読むのは、遠くにある説明板の文字を追うのに比べると格段に疲労の少ないものです。

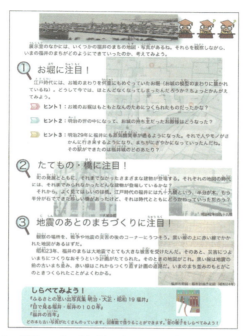

図2.2　解説シートの例〔資料提供：福井市立郷土歴史博物館〕

　その形態は、コーナーの概略をやや長文で説明するものから、特定の展示物にスポットを当ててコラム記事のように解説するものまで、展示担当者の考え方によってさまざまです。展示物の目録とともに展示パネルの解説文を収録した配布物を用意するということも広く行われています。

　これらは持ち帰ることができるので、博物館体験を持続させるしくみとして、あるいは来館をリピートさせる機能も持ち合わせています。なかには、写真入りのカラー印刷によるもので、バインダーに綴じれば展示図録のようになるものもあります。

B. ワークシート

　解説文が掲載されているシートとは別に、特に年少者向けには展示を見学しながら設問の答えを記入したり、展示物をスケッチする内容の教材（ワークシート）が用意されることがあります（**図2.3**）。多くの場合、展示に付された解説文の対象年齢よりは年少の、学齢期未満から小学校高学年の利用が想定される傾向にあります。日本では学校による団体見学のとき

図2.3　デザインもさまざまなワークシート

に使用されるようになりました。これは、一人の教師が大勢の児童・生徒を相手にしなければならないため、口頭での問答を印刷物で代替するという考え方から出てきたものでした。それと同時に児童・生徒が成人向けの説明を理解するのは難しいことから、学校の見学用にカスタマイズされた展示解説の形態ともいえます。

　近年では、展示室で不特定の見学者に無償配布されるケースも増えてきました。その形態は、上質紙を使ったカラー印刷のもの、A4判を二つ折にしたもの、サイズを大きくしてA3判を二つ折にしたものなどさまざまですが、全般的にはA4判の紙にモノクロ印刷といういちばん簡素な形態がよく見られます。なかには来館記念品を意図したデザイン性の高いものもあります。見学したらそれで終わりということではなく、記念品として保管することにより、そのとき展示物をどう感じたかを後日振り返ることのできるようなしくみです。

　シート上の設問は、展示物に関する事実関係についての単純な一問一答形式のものが日本ではまだまだ多いようですが、VTS（2.3.1項参照）など博物館教育の高度な理論に基づく内容のものが期待されます。前者のタイプは、例えば、肖像画に描かれている人物の名前や持ち物の名称を答えさ

せるだけの内容。後者のタイプは、肖像画に描かれている人物がなぜその衣装を身に着けているのか、なぜその持ち物を持っているかを問い、そこからその人の身分や役割について考えさせるという内容です。

このシートの性格の違いは、2.1.2項で述べたギャラリートークの手法の進化ともかかわるものです。解説者から見学者へ事実関係を一方的に伝達するばかりではなく、見学者のリアクションを大切にするという考え方が重視されるようになってきているなかで、口頭でのコミュニケーションの代替措置としてのワークシートは1枚の紙っぺらということから軽視されがちです。しかしその設計はとても高度で難しいものなのです。さらにいえばワークシートとは、その博物館が見学者に対し、どのようなメッセージを発しているかが端的にわかってしまうという性格をもつものといえるでしょう。

C. ワークシート設計のポイント

ワークシート作成の背景にある考え方はVTSと同じです。そこでは記入者による主体的な思考が重視され、展示物をよく観察する、解釈する（仮説を立てる）、根拠・理由を提示して表現することが求められます。そのため、明確なひとつの解答を用意するのではなく、あらかじめ解答を提示したうえでなぜそれに行き着くのかという思考のプロセスを問うような設問構成となります。

年少者にとっては、このような設問を解くのは簡単ではありませんし、最初から考え込むような設問を提示しては、モチベーションの減退を招きます。そこで、最初は簡単に答えの出る問いからはじめたり、知らず知らずのうちに細部の観察に至るスケッチというような手法も用いられます。そして、いちばん注意しなければいけないのは、博物館として伝えたいメッセージが正確に伝わり得るかという問題です。主体的な発想を喚起させつつ、最終的には適切な結論に到達させるのはとても難しいテクニックではあります。

考えることを促すときには、児童・生徒がすでに知っていることや彼らの経験にうまくリンクするような問いを発することが大切です。そのため、対象となる年齢層によって知識量や認知力を考慮しながら設問を作成する必要があります。人は誰しも物事を判断するにあたって自分の経験則に照ら

すものです。そこで用いられるのが「比較対照」という方法です。歴史的遺物を理解するために、現代における機能や役割を同じくするものを考えさせることは有効です。あるいはモノを観察するという観点から、遺物どうしを比較対照させ、共通点や相違点を探るなかから答えを導くという方法もあります。児童・生徒の既存の知識にリンクさせることと比較対照というのは、ワークシートの設問を考案する基本的なテクニックといえます。

> ### column　展示形式の発展論
>
> 　伊藤寿朗は展示の形式を 2 種に分類しました[1]。この指摘は、今日、盛行を呈しつつある博物館教育論の先駆けともいえるものでした。
> ### ◆これまでの博物館の展示形式
> 　「資料に付いている解説文（キャプション）を中心に資料を見学するタイプ」「用意されてある解答で満足してしまう」展示形式。
> ### ◆次世代の博物館の展示形式
> 　「資料そのものをじつにていねいに観察し、資料の形や色なども含めてさまざまな発見をしたりする」展示形式。「よくわからないけれど自分なりに確かめていくという」学習が行われます。

〈引用文献〉
1）　伊藤寿朗：市民のなかの博物館，p.77, 吉川弘文館（1993）

〈参考文献〉
1）　Hooper-Greenhill, E.：*Museum and Gallery Education*（Leicester Museum Studies），Leicester University Press（1994）
2）　木下周一：ミュージアムの学びをデザインする，ぎょうせい（2009）

2.1.4　視聴覚機器

　視聴覚機器は、博物館の展示室において、映像や音声・音響を使用しながら展示物の理解を深めていくための手段です。もっとも視聴覚という言

60　第 2 章　博物館教育の方法

葉を広く捉えれば、展示を見ることは視覚に訴えることであり、説明を聴くことは聴覚に訴えるものといえます。つまり、博物館で行われる教育プログラム自体が視聴覚教育といえます。こうした観点からすれば、視聴覚機器の利用とは、人ではなく機器によって展示物の背景情報を提供しようとするものといえます。

　ただし、視聴覚機器の利用は、そのような限定的なものにとどまらず、さまざまに組み合わせながら「複数の感覚を刺激する」ものでもあります。したがって、来館者・利用者にとっては、単に展示を見て、解説を聞くよりもおもしろく刺激的なものになることは確かでしょう。

　視聴覚機器としては、動画や静止画を映すモニター、音声ガイドなどが早くから使用されてきました。例えば、考古資料の石器や土器の展示で、石器の製作実験の映像や土器を使って煮炊きしている実験映像が見られれば、石器・土器に対する関心をひき、理解を深めるきっかけとなるでしょう。また、館によってはホログラフで架空の映像をつくりあげたり、3Dモーションシアター（三次元稼働映像展示装置）のような大がかりな映像システムを導入していたりする場合もあります。最近ではタッチパネル式のモニターを使って、よりインタラクティブな操作が可能なものも使われるようになってきました。その実例のひとつとしては、大日本印刷（DNP）がフランスのルーヴル美術館のために開発した「ルーヴル－DNPミュージアムラボ」という美術鑑賞システムなどがあります。このような機器やシステムの導入によって、基本的には静止している展示物・博物館資料の理解が促されることは確かでしょう。

　しかし、こうした機器やシステムの導入には、館の規模や予算的な制約があるため、どこでも導入可能というわけではありません。さらに、機器を設置すればよいだけではなく、その後のメンテナンスも重要です。博物館で映像を見ようと思ってモニターのところに行くと「故障中」という貼り紙がしてあり、がっかりしたという経験は、多くの人があるのではないでしょうか。こうした壊れやすいという点も弱点のひとつです。また、最新の機器をとり入れた場合でも、この分野の技術革新の速度は極めて速く、稼働するころには陳腐化している場合もないわけではありませんし、消耗品や修理部品の入手も困難になることがあります。

さらに、機器の導入といったハード面の整備だけでは、展示に対する関心をひき、理解を深めていくことはできません。より重要なことは、そのためのコンテンツを用意することですが、これは想像以上に大変な作業となります。例えば展示コーナーごとに映像機器を配置するならば、その機器の数だけコンテンツをつくらなければなりませんし、何年かすれば情報を刷新して、新たなコンテンツを制作することが必要になります。こうしたことを丁寧に行おうとするならば、大変な労力と費用がかかることになるでしょう。

　しかし、最近では展示室に大きな機器を設置するのではなく、ICタグなどとタブレット型端末を使い、そこから情報を読みとることがはじまりました。このような場合、タブレット型端末を博物館が貸し出して利用してもらうことが多いようですが、こうした方式では手間も人手も必要になります。そこで、一部では来館者の持つスマートホンやタブレット型端末を使って情報を得ることもできるようになってきました。こうしたシステムでは、館内限定型のものと異なり、利用者が得た情報を保存して、博物館を出た後でも、見たいときにその情報を見ることも可能になるというメリットもあります。また、QRコードなどを使って既存のWebサイトにアクセスする方法も考えられるでしょう。

実例　写真による展示品認知システムとデータベース

　ここ数年、展示品の解説にQRコードが表示され、スマートホンやタブレット型端末をかざすと、さらに詳しい説明や画像、動画などの多様な情報が入手できるようになってきました。

　最近では展示品の画像情報を事前に登録しておき、観覧者の展示品撮影データがそれに認知されれば関係サイトが開き、詳細情報が入手できるシステムも現れています。ここで紹介するのは美濃加茂市民ミュージアムの常設展示室で2020年から導入されている「トッテミテ」というシステムで、主要な10点の展示品に撮影スポット（**図1**）が置かれました。カメラを向けて撮影（**図2**）することは展示品を主体的に観察することにもつながり、機械的にQRコードを読み込むことに比べ

図1 「トッテミテ」スポット
〔写真提供：美濃加茂市民ミュージアム〕

図2
「トッテミテ」の最初の画面（左）と展示品の撮影（右）
〔資料提供：美濃加茂市民ミュージアム〕

図3
接続される展示品詳細情報
〔資料提供：美濃加茂市民ミュージアム〕

て挑戦心や遊び心も生まれることが期待されています。また、展示品の画像情報はクラウド上に登録されるため手頃な費用で導入することができ、展開のための専用のアプリケーションは不要です。展示品の詳細情報はこのシステムのために新たに作り込む必要はなく、ミュージアムで蓄積されているデータベースに接続（図3）しているだけです。館蔵資料の多様なデータベースを活用するうえでも有効といえるでしょう。

2.1　見ること・聴くことによる学び　63

〈参考文献〉
1) 全国大学博物館学講座協議会西日本部会 編：新しい博物館学，芙蓉書房出版（2008）
2) 安斎聡子：博物館展示論　第2版（黒澤浩 編著），pp.119-129，講談社（2025）

2.1.5 出版物

博物館は「資料」を「一般公衆」が利用できるようにする役割を担っています。博物館法には、博物館の事業のひとつとして出版があげられています。

A. 出版物の特徴

出版物のほとんどはテキストや図版の印刷された紙が綴じ合わされたもので、制作された時点で明らかであったこと、考えられたことが掲載されています。印刷された情報以上のことは得ることができませんが、逆にいえば、いつ見ても、同じ情報を得ることができます。

近年、情報の提供方法としてWebが注目されています。出版物と比較すると、情報の更新が比較的容易なこと、情報の量に制限がないこと、動画が利用できることなど多くのメリットがあります。しかし、Webを使うためには、通信環境を整え、パソコンやタブレット、スマートホンなどの端末を用意しなければなりません。そのもの以外には何も必要としない出版物は、幅広い層にとって利用しやすい媒体だといえます*。

展示室の解説パネル類、ギャラリートークや音声ガイドなどを通じて、博物館では多くの情報が提供されます。そのほとんどは持ち帰ることができません。しかし、出版物は持って帰ることができます。入手すれば、誰でも、いつでも、どこでも利用できる点において、出版物は学習のためのツールとして高い利便性があります。

B. 展示と出版物

展示は博物館が行う事業のなかで大きな位置を占めるものです。博物館の出版も展示にかかわるものが高い割合を占め、多くの場合、展示に合わせて展示図録が制作されます。

---

*データやソフトウェアを収めたDVDやCDを付録としたり、そちらが主となる出版物が制作される場合もあります。

展示あるいは博物館の種別によって制作される展示図録の性質が若干異なります。美術工芸分野の場合、カタログ的要素が強くなります。この分野では、掲載される情報はほぼ標準化されています（column 参照）。一方、自然史や歴史・民俗系分野の場合には、展示資料にかかわる背景情報を含めたガイドブック的要素が強くなる傾向があります。

　この違いは、もともと鑑賞するためにつくられた芸術作品と、そうではない資料との性質の違いに由来するものです。後者の場合、資料と同時にその背景にある情報を知ることによって資料そのものの理解も深まるのです。

　どちらの場合も展示図録は、展示されている資料・作品と来館者とを結びつける媒体であり、来館者の展示理解を助けるツールとなっています。近年、展示図録がISBN（International Standard Book Number、国際標準図書番号）の付いた独立した一般書籍として制作され、展示を補助する役割だけではなく、展示が終了した後も書店で購入できる例も増えています。

> **column　標準化されている美術工芸分野の展示図録**
>
> 　美術工芸分野の展示図録では、個々の作品のカラー写真図版に対応して、作品の基本データ（展示番号、作品タイトル、制作された年、素材・技法、寸法、作者の署名、所蔵者など）、来歴（制作以後、現所蔵者に収蔵されるまでの過程）、文献（作品についての関連文献）、展示への出品歴、作品分析（論考）などが付されるべき内容とされています[1]。これらの記述が完備された展示図録は、作品・資料を見て「より詳しく調べてみたい」という気持ちが芽生えたとき、頼りになる手引きとなるものです。

C. 資料と出版物

　博物館事業の柱のひとつに資料収集があります。資料収集はそれぞれの博物館の理念にしたがって行われ、それぞれが特徴あるコレクションを形成しています。収集の成果は、展示でも示されますが、出版によっても示すことができます。

　博物館を設置するためには、所在する都道府県の教育委員会に登録する

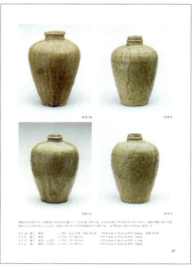

図2.4　名古屋市博物館資料図版目録1
　　　　伊藤隆夫カメラコレクション
　　　　〔A4判200頁、2000年刊〕

図2.5　名古屋市博物館資料図版目録9
　　　　尾張のやきもの【古代・中世】
　　　　〔A4判112頁、2013年刊〕

のですが、その際に必要な書類のひとつに「博物館資料の目録」があります（博物館法第十一条）。登録博物館であれば収蔵資料の目録は整備されており、目録を刊行している館もあります。また、コレクションのなかからテーマ別、分野別の写真図版を付した目録が刊行されることもあります（**図2.4**、**図2.5**）。これらの目録類によって各博物館のコレクションを知ることができ、複数の博物館の目録を横断的に検索することで、利用者は調べようとするテーマや分野の資料の所在を知ることができます。

　展示よりも出版物によるほうが資料・作品に近づくことのできる場合もあります。綴じ合わされた冊子形態の資料は、展示するときにはひとつの見開きしか開くことができません。冊子の全ページあるいは重要なページを選択し、出版物として提供したほうが利用者にとって利便性の高い場合があります。

実例　猿猴庵の本

　猿猴庵とは江戸時代後期の尾張藩士で執筆家であった高力種信のペンネームのひとつです。猿猴庵は当時の名古屋の様子（祭りや見世物、開帳、話題になった事件など）を絵入りで記録した著作を数多く残しました。猿猴庵の著作は、江戸時代の名古屋城下町における庶民文化を生き生きとビジュアルで伝えてくれています。名古屋市博物館はその収集に努め、そのコレクションを『猿猴庵の本』として、原寸大のカラー写真と翻刻と解説、現代語訳を付して刊行しています（図）。出版することによって、博物館資料（に近いもの）が、誰でも、いつでも、どこでも利用できるようになった一例です[2]。

図　猿猴庵の本、第18回配本『絵本音聞山』（A4判84頁、2011年刊）
原資料のすべての見開きを実物大のカラー写真（左）で掲載し、原資料の文字を翻刻（右中央□）し、上段に解説と該当ページのサムネイル、下段に現代語訳が載せられている。

基本用語　翻刻

　もともとはすでにある書物や原稿を木版や活版で組み直して刊行することをさします。広くは写本や刊本にあるくずし字を活字化することをいいます。

D. 調査研究と出版物

　調査研究も博物館事業の柱のひとつです。むしろ、調査研究はすべての博物館事業の根幹であり、その成果に基づいて資料収集や展示が行われているのです。

　調査研究の成果を直接示す出版物に「紀要」と呼ばれるものがあります。館や学芸員の調査研究の成果を掲載する定期刊行物です。読者対象は研究者や専門分野の学習者が中心となるでしょう。調査研究成果の積み重ねが一般向けの出版物として刊行される場合もあります。

基本用語　紀要

大学などの教育機関や各種の研究所・博物館などが発行する定期学術刊行物のこと。論文、資料の紹介や集成、調査報告などが掲載されます。

実例　『名古屋城下お調べ帳』

　『名古屋城下お調べ帳』（2013年刊）は、時期の異なる数枚の名古屋城下図と現代の地図とを重ねて閲覧できるソフトウェア「城下町名古屋デジタル復元地図」と、尾張藩士や藩士の役職、歴代藩主などの履歴、尾張の著名人などを検索できるデータベース「尾張藩便利帳」を収録したDVDを主とする出版物です。江戸時代の名古屋城下図に記された家の区画と藩士の名前を翻刻し、それに現代の地図を重ねた「幕末城下町名古屋復元マップ」が付属しています（図1、図2）。

　収められている各種のデータは、地域の歴史博物館である名古屋市博物館が1977年（昭和52年）開館以来、長期にわたって継続されてきた名古屋城下町に関する調査研究の成果によるものです。復元マップを手に街歩きをする、DVD収録のデータで藩士の動きを調べるなど、展

図1　『名古屋城下お調べ帳』と『幕末城下町名古屋復元マップ』

示では実現できない利用者個々の関心に応じた使い方ができます。

図2　『名古屋城下お調べ帳』付属の「幕末城下町名古屋復元マップ」
「幕末城下町名古屋復元マップ」は、1886年（明治元年）から3年にかけて編纂された名古屋城下図をもとにつくられている。幕末の役所・寺社・武家屋敷・町家・街路・川や水路などが色分けで示され、武家屋敷には居住者名が、役所・寺社には名称が記されている。また、現在の街路が光沢のある透明インクで示され、建造物名（赤文字）も記されていて、現在の街が幕末のどこにあたるのかが一目でわかる。図は現在の名古屋市役所および愛知県庁付近。当時は名古屋城三の丸。

E. 博物館と出版物

　博物館による情報提供は、紙に印刷して刊行する出版物が主体となっていますが、Webなどでデジタル情報を提供していくほうが適した場合もあります。収蔵品目録などは検索の便を考えるとデータベースとして提供したほうが使い勝手がよいでしょう。実際、多くの館が画像付きの収蔵資料データベースを公開しています。これまでDVDやCDで提供していたデジタル情報はWebからの提供が主となっていくでしょう。

　一方、見るために特別の装置を必要とせず、手軽に利用できる紙に印刷

された出版物の利便性を全面的に上回る情報機器は、まだ出現していません。紙を使った媒体の活用方法は開発し尽くされたとはいえず、まだ多くの可能性が残されています。

〈引用文献・Web サイト〉
1) 木村三郎：改訂版 美術史と美術理論，pp.211-220，放送大学教育振興会（1996）
2) 名古屋市博物館　博物館の活動（出版物）：
http://www.museum.city.nagoya.jp/activity/publish/index.html

column　レプリカと 3D プリント

◆レプリカ

　博物館では「原品が長期展示に耐えられない場合や、原品を所有しない場合」にレプリカ（複製品）を製作することがしばしばあり、ガラス越しに見るだけでは原品と見分けがつかないほど精巧なレプリカがつくられています。これまでは、展示論や資料論のなかでとり上げられることの多かったレプリカを博物館教育の観点から見てみましょう。

　博物館教育のなかでレプリカの使い方として最も効果的な点は、実際にさわることができるという点でしょう。原品をむやみにさわると破損や劣化のおそれがある場合に、原品と寸分違わないレプリカを使うことで、原品をさわる体験の代替とすることができます。

　従来のレプリカは、シリコンゴムで型どりをし、その型に成形用樹脂（エポキシ樹脂やポリエステル樹脂など）を流し込んで成形し、それを彩色してつくられるのが一般的でした（**図 1**）。しかし、この方法だとどうしても製作時に直接資料に触れることになるため、接触できない資料の場合には、レプリカをつくることすらできないこともあったわけです。

図1 型どりで製作した軒丸瓦の複製用の「型」
〔写真提供：名古屋市博物館〕

◆3D*プリントについて

　最近では、立体物を三次元の数値データとしてとり扱うことのできる3Dスキャナ、3Dプリンタ、3Dプロッタなどの装置が実用化されています（**図2**）。3Dスキャナによってとり込まれたデータ（**図3**）は、合成樹脂を溶かしながら積み上げて造形する3Dプリンタや材料を切削して造形する3Dプロッタによって出力され、レプリカが製作されます。その精度はそれぞれの装置の性能によって左右されますが、高性能のものでは従来の型どりによるレプリカと遜色のない品質のものをつくることができます。

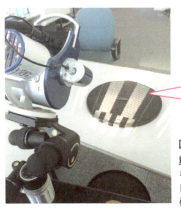

図2 3Dスキャナによる石器の計測
動かしやすいよう、回転台に計測する対象物を載せる。
〔写真提供：名古屋市立大学大学院芸術工学研究科　横山清子研究室〕

＊3D：three(3) dimensions、三次元。次元は空間の広がりの程度を表す指標で、3つの次元で表せるものを三次元といいます。次元をどう設定するかによって意味が変わってきますが、ここでは、縦（長さ）・横（幅）・高さ（奥行）の3つで表すことのできる空間をいいます。

2.1　見ること・聴くことによる学び　**71**

図3　計測してとり込んだ三次元データを編集している画面
〔写真提供：名古屋市立大学大学院芸術工学研究科　横山清子研究室〕

図4　計測した石器（左）と3Dプロッタで制作した実物の2倍大のレプリカ（右）
〔写真提供：名古屋市博物館〕

　さて、このようにして製作された3Dプリントのレプリカはどのようにして学習プログラムのなかで使うことができるのでしょうか。もちろん、それをさわることで、原品をさわる体験の代替となることはすでに述べたとおりです。

　2014年（平成26年）に名古屋大学博物館で開催された特別展「人類史上画期的な石器―名大のアフリカ考古学と南山大の旧石器コレクション―」では、石器製作のプロセスを示す接合作業（遺跡に残された石器や石器をつくる際に出た石のかけら［剥片］を、割れた面や折れた面でつなぎあわせて、もとの石塊［母岩］に戻す作業）の追体験ワークショップとして、この3Dプリントによるレプリカが使われていました。

　3Dプリントの特性は、データさえとり込んでしまえば、あとは大きさなどを自由に加工することができる点にあります。その特性を活かし、例えば原寸で見るには小さすぎる資料や標本（細石器、小型昆虫など）を拡大して細かな特徴を見やすくすることができます（**図4**）。逆に、建造物のように展示室に入れることのできない巨大なサイズのものの精密な縮小レプリカをつくることも可能です。また、素材を選ぶことで、手ざわりや重さを原品に似せたレプリカ、色や光沢などを似せたレプリカなどのつくりわけができます。

72　第2章　博物館教育の方法

レプリカの教育的な利用は、さわることができるという点に最大のメリットがあります。そういう意味で、ユニバーサル・ミュージアムの考え方にはなくてはならないアイテムであり、技術であるといえるでしょう。

2.1.6　Web などによる情報提供

　2022年（令和4年）に行われた総務省の調査によると、インターネットはすでに85％の人が利用しています。利用するための端末はスマートホンが71.2％、パソコンが48.5％とスマートホンが70％強を占めていて「何かを調べよう」と思ったとき、すぐに利用できる環境が整備されているといってよいでしょう[1]。このような環境のなか、多くの機関がさまざまな情報をインターネット上に提供しています。もちろん博物館も例外ではありません。

　2020年（令和2年）に実施された文部科学省による社会教育調査のうち「博物館における情報提供方法」では登録博物館および指定施設（博物館相当施設）のうち、96.5％の館園が情報提供にWebサイト（ホームページ）を用いていると回答しています[2]。

　この調査ではWebサイトのどの機能を利用しているかについても尋ねています。もっとも多かったのが「利用案内」で、87.3％の館園が開館日（休館日）・入館料・交通アクセスなどの情報を提供しています。つづいて「展示の紹介」（74.5％）で、常設展示の概要や特別展・企画展などについて紹介しています。以下、「館の運営に関する情報を公開・開示する機能」（25.8％）、「展示品・収蔵品のオンライン・データベースとしての機能」（14.6％）、「子ども向け・一般向けに、学習支援コンテンツを提供する機能」（10.5％）がつづいています。基本データとして提供される「利用案内」「展示の紹介」が多くの館園で扱われているのは当然のことでしょう。博物館が社会教育機関としてだけではなく、観光資源としての役割も期待されるようになり、こうした広報の機能が少なくなっていくことはないでしょう。とはいえ、博物館は社会教育の一翼を担う機関であり、その事業は、資料の収集・保存、調査・研究、展示、教育・普及の4つの分野に分けられることが多く、博物館がWebサイトで提供する広報以外の情報もお

おむねこの4分野に分けることができます。

A. 資料の収集・保管にかかわる利用

　資料の収集・保管にかかわる利用には、館園の所蔵する資料をWeb上で公開するデジタルアーカイブをあげることができます。社会教育調査でおよそ15％の館園が利用している「展示品・収蔵品のオンライン・データベース」はこれにあたるでしょう。2022年（令和4年）に改正された博物館法では、博物館の事業を記載する第三条の三として「博物館資料に係る電磁的資料を作成し、公開すること」の項目が追加されており、各館園が所蔵資料を紹介するコンテンツは必須になっていくと予想されます。利用者は任意の場所・時間に資料を閲覧することができます。また資料のいくつかの方向からの高精細画像が提供されていれば、展示ケース越しでは観察できない細かな部分や裏側の状況などを細かく観察できる場合もあります。

B. 展示にかかわる利用

　展示にかかわる利用には、常設展示や開催中の特別展・企画展の紹介があります。常設展示紹介の多くは展示コーナーごとに展示状況の写真画像に解説を付したものですが、VR（Virtual Reality）技術によって展示室内を実際に進んでいるように見ることのできる例もあります。

　期間の限られた特別展・企画展は開催期間が過ぎれば見ることはできません。終了した特別展・企画展を「過去に開催した展覧会」などのタイトルでWebサイト上にアーカイブしている例も見られるようになってきています。東京大学総合研究博物館など一部の展示図録を公開している館もあります。開催中の展示だけではなく終了した展示もまた博物館にとって重要なコンテンツだといえます。

　実際の展示を見学するとき、それを支援するアプリケーションも実用化されています。東京国立博物館が提供する「トーハクなび」はスマートホンでの利用を前提にして、日本語のほか英語・中国語・韓国語に対応し、展示室や展示資料の解説、見学したい展示資料を地図や建物、位置、日本美術など分野などからの検索、「仏像めぐりコース」などテーマに応じたおすすめコースの提示など多くの機能が盛り込まれています。同様のアプリケーションに早稲田システム開発株式会社が提供している「ポケット学芸員」があり、全国で90近くの施設が導入しています。このようなアプリ

ケーションでは手元の端末画面で解説を見ることができます。視力や展示室の暗さの関係で展示パネルやキャプションの文字を読みづらい利用者にとって有効なものでしょう。どちらも館内あるいは展示室内で利用することを想定していますが、任意の場所で利用することもできます。

C. 教育・普及にかかわる利用

　教育・普及にかかわる利用は、社会教育調査でおよそ10％の館園が利用している「子ども向け・一般向けに学習支援コンテンツを提供する機能」が相当するでしょう。展示室で配布しているワークシートや解説シートをWebサイトでも提供している館園は少なくありません。また博物館と学校とが連携して作成した教育プログラムやそれに基づく教員用の指導プログラムを公開して、学校が博物館を利用する際に利用できるようにしている館園もあります。

　コロナ禍で博物館を含む多くの集客施設が休館することになった2020年3月に北海道博物館の声かけによってはじまった「おうちミュージアム」（column（p.79））も教育・普及にかかわるWebサイト利用といってよいでしょう。現在では250以上の館園が参加しています。

D. 博物館の調査・研究にかかわる利用

　調査・研究にかかわる利用には、インターネットのもつ双方向性のコミュニケーションが可能な機能を用いた市民参加型の調査研究活動があります。滋賀県立琵琶湖博物館のフィールドレポーター制度は、野生動物の目撃情報やタンポポやセミの種別調査などの滋賀県内の自然やくらしについて、応募した市民（フィールドレポーター）が身のまわりで調査をするものです。一定の地域内である事象について悉皆調査を実施でき、市民と博物館との共同で学術的に大きな成果を収めています。

　博物館の調査・研究の成果は「紀要」「研究報告」など印刷物として刊行されることが通常ですが、近年、印刷物だけではなく電子書籍としてWebサイト上で公開している館園が増えてきています。多くの場合、発行している館園以外では入手しづらい印刷物を居ながらにして閲覧できる利便性があります。またWeb上で提供することによってより広い範囲に行きわたることにもなります。

　2.1.5項の「出版物」の実例で紹介した名古屋市博物館の『名古屋城下お

調べ帳』のようなソフトウェアやデータを DVD に収録した形態の出版物はソフトウェア部分をオンラインで提供するようになっていくでしょう。

　Web などで提供する情報は、出版物に比べて提供する情報の修正や追加が容易にできる利点があります。ただし、頻繁なデータの修正や追加（ときには削除される場合も）は利用者に「安定した情報ではない」という印象をもたれる懸念があります。Web サイトへ情報を掲載する際にも出版物と同様の慎重さが求められます。

　博物館はインターネットを活用することによって、利用者の多様な学習ニーズに応じた教育普及活動を展開することが可能になりました。博物館の情報提供方法として、Web サイトなどインターネットの利用はより重要性を増していくと考えられます。

　しかし、ここで見落としてはならないのは、Web サイトなどはあくまでも博物館による実物教育を補強するためのツールであるということです。博物館は Web 上で提供する情報が実物教育と乖離したり、資料の安易な代用品となったりしないように留意する必要があります。

　世界はもはや、インターネットを利用することが当たり前の時代です。そのなかで博物館は、どのようにモノとヒト、ヒトとヒト、モノとモノを結びつけ、社会に知を循環させていくのか、Web サイトや各種の SNS（Social Networking Service）などインターネット技術の活用方法をそれぞれの博物館の理念や特性に合わせて検討していく必要があります。

実例　南山大学人類学博物館の Web ページ

　2019 年（令和元年）末から流行した新型コロナウイルスのパンデミックにより、多くの博物館が一時休館を余儀なくされました。そうしたなかで、数多くの Web ページを活用したコンテンツが提供されるようになり、定着しました。

　ここでは南山大学人類学博物館（以下、人類学博物館）がコロナ禍ではじめ、そして今日まで継続しているとりくみについて紹介します。（https://rci.nanzan-u.ac.jp/museum/）。

図1 人類学博物館Webサイトのホームページ

A. Web展示

　コロナ禍で休館しているなかで、人類学博物館ではWeb上での仮想展覧会をはじめました（**図1**）。そのときのテーマは新収蔵品展「インドネシアの布と昭和のユニーク家電」というものでした。現在では、博物館実習を受講する学生たちによるWeb展示として継続しています。南山大学の博物館実習では、博物館資料を使って展示制作をしますが、学生たちがつくった展示をそのままWeb上で再現しています。

　Webでの展覧会では、資料の大きさや量の制約がなく、またひとつの資料を複数の画像によって多角的に見せることができます。しかし、その反面、説明の文章が多くなりがちになるなど、工夫すべき点もあります。

B. バーチャル博物館

　人類学博物館のWebページにはバーチャル博物館があります。これはストリート・ビューのように展示室を自由に動いてみることができるものです。こうしたコンテンツによって、博物館に来なくても、その雰囲気だけは味わうことができるでしょう（**図2**）。

C. ユニバーサル・ミュージアムに向けてのWebページの改修

　人類学博物館では、ユニバーサル・ミュージアムをめざすという目標に合わせ、Webページの改修を行い、それによりアクセシビリティの向上をめざしました。例えば、弱視者に向けての「ハイコントラスト機能（白黒反転）（**図3**）」や、視覚障がい者に向けての「音声読み上げソフト対応カスタマイズ」を導入しています。後者は文字ではな

図2　バーチャル博物館見学

図3　ハイコントラスト機能で白黒反転させたもの

く音声で情報を提供するので、情報を順序立てて、具体的に説明するなど、伝え方に工夫が必要になります。

D. Webページによる情報提供の課題

　以上に紹介したコンテンツ以外にも、例えば多くの博物館同様に講座等のオンライン配信なども行っていました。オンライン配信のメリットは何といっても博物館に来館することなく、自宅でさまざまな催しに参加できるということです。言い換えれば、地理的な制約を無視することができる、ということです。ただ、一方で、オンライン配信に不慣れな場合などには技術的な不安も生じるでしょう。また、講座で講師が使用した資料に著作物の使用許可が必要なものが含まれている場合、著作権上の手続きが必要になります。こうしたことから、現在

では対面式とオンライン配信のハイブリッド形式を経て、徐々に対面式に戻しつつあります。

　そして忘れてはならないのは、Webでの情報提供は、情報アクセシビリティを確保して、すべての人がアクセスすることを保証することだということです。また、Webでの情報提供は決してそれ自体が目的ではありません。あくまでも博物館に足を運んでもらうための手段です。そうした点も含めて、便利Webによる情報提供にも、まだまだ改善の余地はあるでしょう。

　興味がある人は、是非、海外の博物館・美術館のWebページも閲覧してみてください。先述したように地理的制約を無視できるのがインターネットの魅力であり、それと同時に、日本の博物館・美術館とはまた違った魅力に出合えると思います。

> ### column　おうちミュージアム

　2019年（令和元年）末からのコロナ禍で2020年（令和2年）3月から全国の学校が臨時休校し、児童・生徒の過ごし方が課題となりました。同じ時期、多くの博物館もまた長期間の臨時休館をすることになりました。いくつかの博物館では各館のWebサイトに家庭で活用できるコンテンツを配信するようになっていました。それぞれの館園が個別にはじめていたこのような動きを踏まえて、2020年3月、北海道博物館から全国の博物館へ「『おうちミュージアム』[3,4]としていっしょに発信しませんか？」と声かけがされ、同年8月には全国215の館園が参加し、現在では250以上の館園に達しています。狭義の博物館だけではなく、美術館・科学館・企業博物館はもちろんのこと、自然・生物系のセンターや地方自治体の教育委員会なども参加しています。

　コンテンツは各館園の活動の蓄積から家庭でも活用できるよう調整したものが提供され、館園ごとに特色のあるものとなっています。声かけをした北海道博物館では、ぬり絵・工作・ゲーム・レシピな

2.1　見ること・聴くことによる学び

どこれまでのワークショップなどの活動をもとに 37 のプログラムが提供されています。

〈引用文献・Web サイト〉

1) 情報通信白書（令和 5 年版）：
https://www.soumu.go.jp/johotsusintokei/whitepaper/ja/r05/html/nd24b120.html

2) 社会教育調査 / 令和 3 年度統計表博物館調査（博物館）：
https://www.e-stat.go.jp/stat-search/files?page=1&layout=datalist&toukei=00400004&tstat=000001017254&cycle=0&tclass1=000001203281&tclass2=000001203283&tclass3=000001203290&tclass4val=0
「120　博物館における情報提供方法（令和 2 年度実施）」

3) 北海道博物館　おうちミュージアム：
https://www.hm.pref.hokkaido.lg.jp/ouchi-museum/

4) 渋谷美月：「臨時休館と学校休校をきっかけに始まった『おうちミュージアム』とは？」『文化庁広報誌ぶんかる』いきいきミュージアム 〜エデュケーションの視点から〜 055（2020）
https://www.bunka.go.jp/prmagazine/rensai/museum/museum_055.html

2.2 身体と五感による学び

　博物館の教育実践においてワークショップや体験学習がとり入れられています。また、誰もが楽しめる博物館づくりにとりくむユニバーサル・ミュージアムにおいても、鑑賞や観察で重視する方法に「さわる」ことがあります。本節では、博物館資料を活用して、身体や五感による学習について紹介していきます。

2.2.1 ワークショップ・体験学習

A. ワークショップ

　宮城県美術館や目黒区美術館など、1970年代後半から1980年代に開館した美術館では、新しい教育普及活動としてワークショップの方法が用いられるようになりました。そこでは、講師から参加者への一方的な教示によって行われる作品制作のための実技習得講座とは異なり、たとえ技法や表現の実習であっても作品を幅広く鑑賞するためのものであったり、参加者・講師・スタッフが場所とテーマと時間を共有して、能動的な視線を獲得するための方法論[1]として、展覧会と併せた鑑賞や制作の機会としたりするような、身体や感覚を活かした表現活動が展開されてきました。

　このように、過程そのものが重視された手法を「ワークショップ」と呼びますが、制作活動そのものについても名称として「ワークショップ」がさまざまな館種の博物館で使われている場合もあり、混乱が見られます。

B. ワークショップと身体

　ワークショップは従来から、さまざまな分野や場で行われてきました。美術、演劇やダンス、教育、まちづくりの議論、異文化理解などです。

　ワークショップは「参加者が自ら参加・体験して共同で何かを学び合ったり創り出したりする学びと創造のスタイル」[2]あるいは「コミュニケーションを軸にした創造的で協同的な学びの活動や場」[3]と捉えられています。

　このような学びでは身体や感覚に注目します。ワークショップの多くの

場面でとり入れられる身体の動かし方・働かせ方は、日常的に「慣れっこになっている」からだの動かし方ではなく、「あまりやったことのない」からだの動かし方であり[4]、「手で学ぶ」ことは人間が本来もっている身体的知性を甦らせること、自然や自己のなかのかすかな響きを捉え、聞きとれるように、からだや感覚をひらいてみることといわれています[3]。

これらの主張は、美術分野においては、視覚を閉ざして行うブラインドウォークで野外の自然や人工物にさわった体験をもとにして絵を描く、作品を鑑賞して受けた印象や筆の筆致を身体で表現するなどのようにして数多く実践されています。これらは「大きく」あるいは「動的」に身体を刺激し、活かした活動といえるでしょう。

C. 体験学習

自然観察会の体験学習は、学習者に提供される自然、その接触を媒介として進められることで、強烈な事実認識となって定着することが特徴です。学習者は採集会や観察会によって自然のしくみを知り、環境を科学的に捉えることが可能となります[5]。これらは、自然という場で、自然そのものを体験する機会が、学習者にとても印象深い経験となること、視野の拡大や専門的な深まりをもたらすことを示しています。

博物館においては、藁、土器、竹、石膏などの素材に触れたり、実際に自分で製作してみることで創造性を育む学習法を一般に体験学習[6]と位置づけています。体験学習は「自分で経験し、確かめていく」過程であり、学習者にとって教授にとどまらない深まりを得ることができます。

実例　美術館で絵画を「さわる」

名古屋ボストン美術館（2018年に閉館）では「ボストン美術館　日本画の至宝」展の関連事業として「日本画ってナンダ？」が開催されました。同館では、見るだけではない作品の楽しみ方を探るなかで、さわる機会が創り出されています。そこでは、参加者のさまざまな好奇心に寄り添い、応えられるようにすることや、活動を通じて作品の鑑賞へとつながる過程が大切にされています。

具体的に本事業の「さわる場面」を振り返ってみましょう。

会場は展示室ではなく、採光のある吹き抜けに面した明るい雰囲気の図書コーナーの一角で、参加者以外の来館者も気軽に活動をのぞくことができるのが特徴です。進行役の学芸員と参加者でひとつの机をとり囲みながらも、一人で落ち着いて活動したり、周囲と交流しながらとりくんだりできるように配慮されています。活動の所要時間は、30分〜1時間程度であること、予約不要であることなどは、誰でも気軽に参加できる設定といえます。

　まずは、日本画の道具やつくりを伝えるツールです（**図1**、**図2**、**図3**）。参加者は、各ツールを指先でさすったり、つついたりしています。原材料を手のひらで包み込む姿も見られました。さわり終えると、隣りの人に手渡していきますが、学芸員の次の話や前後のツールが気になる人もおり、自由にとりくむ様子がうかがえます。

　特筆したいのは、学芸員が資料を扱う際のふるまいやしぐさが自然と参加者に伝わることです。そのことで、皆がやさしくゆっくりとさわり、確かめる時間が流れ、参加者どうしも互いを意識することで、「場」に一体的な空気感が醸成されていました。展示室とは異なる空間で、作品の鑑賞や理解に向けた活動が行われ、共有されているのです。

　終了後も、温かな雰囲気が続いています。学芸員へ気軽に質問したり、参加者どうしで話していたり、さまざまな対話が起きていました。

　同館では展覧会に併せて「油絵」「陶磁器」「版画」「七宝」など、視覚障がいの有無に関係なく楽しめるプログラムの開発が進められまし

A　日本画の道具やつくりを伝えるツール
① 絹・紙（複数）
② 絹と紙に同じモチーフ「白蓮」を描いたもの
③ ドーサ引きした紙としていない紙に描いたときの状態を示すもの
④ 筆4種
⑤ 絵具：原材料（藍銅鉱、孔雀石、イタボガキの貝）、市販の岩絵具、新岩絵具（数種）
⑥ 顔料の粒の大きさによって、色の濃さが変わることを伝える資料（「富士山」など）
⑦ 三千本にかわ

B　展示作品の理解を助けるツール
① 「雲龍図」の立体コピー
② 「馬頭観音立像」の立体コピー
③ 「鸚鵡図」の立体コピー

C　日本画の表装の理解を助けるツール
① 掛軸のミニチュア
② 掛軸作品
③ 巻子「平治物語絵巻」レプリカ

B、Cは視覚障がい者向けに使用

図1　「日本画ってナンダ？」で用いられるさまざまなツール[7]

　　　図2　さまざまなツール　　　　　　図3　「富士山」にさわる
〔写真提供：名古屋ボストン美術館〕

た。このことは、アクセシビリティ（サービスなどに対する利用のしやすさ）、社会的包摂（social inclusion）、マルチ・モーダル教育（視覚＋触覚のように複数の感覚を組み合わせる学習法）といったさまざまな観点から、背景の異なる人どうしが博物館で出会い、交流することで、互いに刺激し合い、触発される活動として重要です。

実例　博物館で考古資料を「さわる」

　美濃加茂市民ミュージアムでは、子どもたちと保護者が参加する「古代のアクセサリーづくり」講座が夏期に開催されました。

　参加者は、材料となる石（滑石など）を削り、磨く工程を経て、遺跡からの出土品である勾玉を模したアクセサリーを制作します。

　同館では、参加者が博物館や資料とのかかわり合いを深めていくためのプログラムを企画するにあたって、さまざまな目的や願いがあったことから（図1）、会場・内容を2つに分けて実施しています。前半は、勾玉が展示されている展示室の観察・触察を中心とし、後半は会場を移動して制作活動にあてています。

　ここでは特に身体への刺激とその展開について注目しながら、講座を振り返ってみましょう。

　展示室では、勾玉が収められている展示ケースの隣りで、子どもも大人も車座になって座ります。学芸員からさわり方を言葉と身振りで

```
―参加者の内界―
● 活動への期待を高める
● 身体を活かして、モノを捉える／発見
● モノやヒトの姿から思いをはせる
● 捉えたモノ、思いをはせたコトを表現する／自己開示
● 身近な素材（石）へのまなざし、注目
● 素材の変化への気づき、そのための働きかけや工夫
―参加者の外界―
● 博物館（の展示室ほか）を知る／体験する
● 交流、相互作用／他者の意識、触発
● 事後（日常生活）へ
―手法―
● やさしく    ● ゆっくり    ● 自由を意識して
```

図1　「古代の〜」講座への願い、環境の整備

示された後、出土したメノウ製の勾玉が参加者に手渡されます。手にした参加者は、学芸員による「本物（ほんもの）」「大切なもの」という言葉に緊張した様子ですが、手で遺物を優しく包み込みながら、指先や手のひらでゆっくりと自分のペースで確かめます（**図2**）。参加者どうしは、お互いのさわり方が気になっているようで、その姿を注視しています。とはいえ、保護者が様子を心配すると、子どもたちは「（手のひらを）お椀のようにして、（落とさないように）ちゃんと持ってるから！」、（さわろうとする母親に）「時計や指輪をはずしてからだよ」といった言葉を返しています。

　勾玉と併せて、市内で採集したさまざまな石（砂岩、濃飛流紋岩ほか）もいっしょにさわってみました。すると参加者は「石はゴツゴツ、

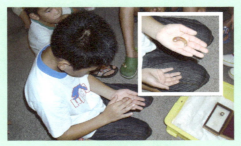

図2　「勾玉」にさわる
〔写真提供：美濃加茂市民ミュージアム〕

ザラザラ」「勾玉はツルツル」として、同じ素材である「石」であってもその感触から、違いに気づくことができました。また、展示ケース内の勾玉と形状を比較したり、参加者どうしで改めて展示ケースの勾玉を見に行ったりする姿も見られました。

　子どもたちはさらに思いを巡らせていきます。メノウ製の勾玉を観察して「色が内臓みたい、模様が血管みたい」と自分の言葉で捉え直し、その一方では「（家には）緑や黒の石があるよ。きれいなんだよ」と自身の記憶や経験と結びつけながら語ってくれました。

　さわり終えた参加者は、次の人に声を掛け合いながら、ゆっくりと勾玉を手渡します（図3）。そのとき、子どもたちは真剣なまなざしであったり、にこやかな表情をしたりしています。そして「渡す」ことで役割を終えると、同行する保護者のところで感じたことなどを伝えていました。

　次の制作では、研磨という工程、それを活かした造形活動が無心になってくり返し行われること、その力加減やリズムを身体で探っていけること、素材に働きかけて生じる変化を触感で確かめやすいこととして、参加者に受け止められたようです。

　制作途中では、
Aさん「自分（がつくった勾玉）と（出土品が）全然違う、なんか違う」
Bさん「（自身の勾玉側面を示しながら）ここも削らないといけないよ」

図3　「勾玉」を手渡す
〔写真提供：美濃加茂市民ミュージアム〕

> Cさん「どうして？ ぼくはこういう形なんだよ」
> Bさん「だって（実物の勾玉は丸みを帯びて）、ここもツルツルだったよ」
>
> というつぶやきや会話から、彼らが実物を確かめたときの記憶を明確にしていたことをうかがわせます。
>
> 　プログラムの終了後（後日）に、一部の参加者へインタビューを行いました。「家のカウンターに飾ってある（本人）／子どもから、当日の詳しい話を聞いて楽しかった（保護者）」「アクセサリーを首にかけて外へ遊びに行ったが失くしてしまった。とても残念」との言葉を聞くことができ、博物館での体験が大切な思い出となっている様子や、家族との対話のきっかけになっていることがうかがえます。

D.「博物館でさわる」ことを考える

　これまで作品や資料、特に実物について、人が感覚（触覚・さわる）を活かして捉えようとする場面を見てきました。近年、このようなとりくみが広がっています[8-14]。それは冒頭であげたような「動的」というばかりではなく、優しく・ゆっくりと・丁寧に進められることで、「静的」な身体性に根ざしたものといえるでしょう。

　そのような活動のなかでは、以下の過程が見られました。

> ① モノ（博物館資料）を身体で捉える
> ② モノから思いをはせる・モノとの対話、その思いを表現する
> ③ モノを介してヒト（学芸員ほかスタッフ、来館者）とつながる、モノとヒト・ヒトとヒトが対等にかかわり合う

　さらに、そこから展開されるものとして、楽しさ、感動、好奇心、想像力、創造性をはじめ、落ち着いた・ゆったりした時間、モノに対する親和感や親密さ、モノ・ヒトに対する敬意や敬愛などもあげられます。

　来館者（ここでは、ワークショップや体験学習への参加者）が、身体を通じて、主体的・能動的・自由に資料とかかわり合う過程をこのように考えてみると、それが資料に関する知識や理解を深めること、知識や経験の少ない、あるいは障がいのある来館者に向けて伝えるための支援としての

とりくみにとどまるばかりでなく、認知のあり方、感情や感性、博物館で出会う他者とのかかわりといったものにまで影響が広がりうることがわかります。とはいえ実際には、博物館にとって資料の損壊などの大きなリスクが懸念され、かつコストを必要とする場合も生じます。しかしながら、博物館のさまざまな場所で出会った人々が、資料や人と優しく「対話」し、かかわり合い、さらにそれを深めようとするとき、必ずしも「視覚」ばかりがその手段ではないように思われるのです。

　私たちは、博物館では誰でも身体をさまざまに刺激することで、感覚の多様性に気づけるような機会や環境を創り出すことができるということ、そしてそこから展開される大きな可能性があるということについて強く意識していくべきでしょう。

〈引用文献・参考文献〉
1) 降旗千賀子：ワークショップをふりかえって，目黒区美術館ワークショップ20年の記録［1987〜2007］資料編，p.7, 目黒区美術館（2008）
2) 中野民夫：ワークショップ―新しい学びと創造の場，p.11, 岩波書店（2001）
3) 茂木一司ほか 編：協同と表現のワークショップ―学びのための環境のデザイン，東信堂（2010）
4) 苅宿俊文，佐伯胖，高木光太郎 編：ワークショップと学び［全3巻］，東京大学出版会（2014）
5) 伊藤寿朗，森田恒之 編著：博物館概論，p.340, 学苑社（1978）
6) 伊藤寿朗：市民のなかの博物館，p.119, 吉川弘文館（1993）
7) 名古屋ボストン美術館 編：名古屋ボストン美術館活動報告書2012，**3**, 14（2013）
8) 寺島洋子：博物館研究，**48**(6), 12（2013）
9) 広瀬浩二郎：博物館展示論　第2版（黒澤浩 編著），p.175, 講談社（2025）
10) 寺島洋子，大髙幸 編著：博物館教育論，放送大学教育振興会（2012）
11) 広瀬浩二郎 編著：さわって楽しむ博物館―ユニバーサル・ミュージアムの可能性，青弓社（2012）
12) 広瀬浩二郎 編著：ひとが優しい博物館―ユニバーサル・ミュージアムの新展開，青弓社（2016）
13) 広瀬浩二郎 編著：ユニバーサル・ミュージアム―さわる！"触"の大博覧会，小さ子社（2021）
14) 広瀬浩二郎 編著：ユニバーサル・ミュージアムへのいざない，三元社（2023）

2.2.2 ユニバーサル・ミュージアム

　近年、「誰にもやさしい博物館」や「誰もが楽しめる博物館」を標榜する博物館が増え、多様な社会的バックグラウンドをもった人々とともに社会に開かれた教育活動を展開する例が増えてきました。そこで、ユニバーサル・ミュージアムの背景となる考え方が育まれてきた過去数十年の歴史と、3つの実例を紹介します。

A．ユニバーサル・ミュージアムとは

　ユニバーサル・ミュージアム universal museum という用語は、できうる限り、すべての人々に利用可能であるように製品・建物・空間をデザインすることを意味するユニバーサル・デザイン universal design という用語をヒントにして1990年代末に日本でつくられた和製英語です[1]。ユニバーサル・デザインの支持者らによって、「ユニバーサルデザイン7原則」が1997年（平成9年）にまとめられました[2]。

① 公平な利用　　　　　　② 利用における柔軟性
③ 単純で直観的な利用　　④ わかりやすい情報
⑤ 間違いに対する寛大さ　⑥ 身体的負担の少なさ
⑦ 接近や利用に際する大きさと広さ

基本用語　ユニバーサル・ミュージアム

　欧米を中心に「百科事典的博物館 encyclopedic museum」と呼ばれる大規模な国立博物館があり、世界中から収集された芸術、科学、歴史、文化史など各専門分野の貴重なコレクションを所蔵・展示しています。実は、英語圏ではこの「百科事典的博物館」のことを一般に「ユニバーサル・ミュージアム universal museum」と呼ぶことが多いので、注意が必要です。吉荒夕記の著作にある「ユニヴァーサル・ミュージアム」は、この文脈で使用されています[3]。
　ユニバーサル・ミュージアムに類似した表現として海外や他分野では「ユニバーサル・デザイン universal design」「アクセシビリティ（アクセスしやすさ）accessibility」「身体障がい者対応 handicapped accessible」「合理的配慮 reasonable accommodation」「社会的包摂 social inclusion」などがあります（2.1.2項、2.2.1項参照）。一部、博物館では馴染みの薄い用語もありますが、海外や博物館以外の分野・現場で使用される用語です。このほか、日本では「バリアフリー barrier-free」がよく使用されます。

基本用語　ユニバーサル・デザイン

　「ユニバーサル・デザイン」は、特別な設計などを必要とすることなく、最大限可能な限りあらゆる人々が利用可能な製品や環境のデザインのことです。ノースカロライナ州立大学教授で建築家の故ロナルド・メイスによって提唱されました。

2.2　身体と五感による学び　　89

ユニバーサル・デザインは、誰もが公平に使いやすいデザインを原則としており、必ずしもその対象を高齢者や障がい者などのいわゆる社会的弱者に限定していない点が、バリアフリーとは異なります。しかし、博物館を例にとって考えた場合、博物館側から働きかけ、博物館側から接近することがない限り、博物館の蓄積してきた資料や情報などへのアクセスを確保することが困難な人々に対して、公平な利用を保障するための、より適切な学習環境デザインをする努力は常に必要だといえます。

　一方で、ユニバーサル・ミュージアムに明確な定義があるわけではありません。大まかにいうと、すべての人にやさしく、博物館の4つの機能、すなわち、①収集・保存、②調査・研究、③展示、④教育・普及が全体として充実するようにデザインされた博物館づくりをめざす姿勢のことをさします。また、障がい者、非障がい者にかかわらず共有できるユニバーサル的な（すべての人に利用可能な）ミュージアムをめざす動きだといえます[1]。さらに、助ける／助けられるという福祉的な視点ではなく、多様な一般市民のもつさまざまな能力を高める展示および鑑賞のあり方を考えるのが、ユニバーサル・デザインの範疇を超えたユニバーサル・ミュージアムの理念だと考えられます[4]。しかし、ユニバーサル・ミュージアムの捉え方は博物館関係者の間でも幅があります。つまり、障がい者以外にも、高齢者や妊婦・乳幼児、外国人や低所得者層など幅広い利用層に向けた多様な学習プログラムや学習支援ツール制作などのとりくみを推進する博物館やボランティアがいる一方で、活動の対象を視覚障がい者に限定し、彼らが博物館を楽しむための展示解説や資料にじかに触れるなどのとりくみを中心とした博物館やボランティアも数多く存在しています。またこうした人々が、博物館にとって学習機会を提供する対象になっている例もあれば、当事者として主体的または中心的に運営に携わっている例もあります。

　まだ日本の博物館にとっては新しい考え方のため、特にソフト面では試行錯誤しながらこの分野の実践を重ねる博物館関係者や研究を進める研究者も多いのが実情です。博物館をはじめとする日本の公共施設では、比較的ハード面の整備は充実してきていますが、ソフト面（例えば、展示を介したコミュニケーション）の充実が必ずしも伴っておらずハード面を整備した意味が薄れてしまう例もあります。このことは日本の博物館の課題の

ひとつともいえます。今後、ハード面とソフト面が相互に補完されることが望まれます。しかし、試行錯誤しながら実践し続けることにこそ、ゴールがなく、答えがひとつではないユニバーサル・ミュージアムの本質があります。ユニバーサル・ミュージアムの実践者や研究者が、成熟しつつある日本社会において、さらなる成熟社会をめざしてとりくみを継続することが大切だといえます。

ユニバーサル・ミュージアムという用語は、日本の博物館関係者の一部ですでに醸成されつつあった、こうしたすべての人々に利用可能な博物館をめざすというとりくみにふさわしいネーミングとして、急速に受け入れられていったのです。ここで大切なのは、すべての人々がアクセス可能な学習機会や社会参加の機会を保障するためのとりくみを、博物館職員が継続することです。

◆国際機関による勧告・規定

現在の博物館教育におけるユニバーサル化のきっかけとしてあげられるのは、1960年（昭和35年）の第11回 国際連合教育科学文化機関（UNESCO）総会において採択された「博物館をあらゆる人に解放する最も有効な方法に関する勧告（仮訳）」です[5]。ここでは、多様な人々の利用に供することで、相互の協力や理解を深めるといった博物館教育の理念ともいうべき方向性が明記されています。

このほか、2004年（平成16年）改訂の国際博物館会議（ICOM）職業倫理規定[6]でも、高齢者や障がい者などの博物館利用に対して特別な配慮を管理者に求めています。

◆欧米の政府や博物館関係機関のとりくみ

アメリカでは、アメリカ博物館協会（AAM）が『卓越と公平 Excellence and Equity』（1992年）という政策文書を刊行しました。ここでは、民主主義社会における公共教育機関である博物館は、公平性実現のため、包摂性の拡大を責務とする必要があり、年齢、能力、教育、社会階級、人種、民族の出自にかかわらず、博物館とはすべての人々を歓迎すべき場所であるとしました[7]。

一方、イギリスのアクセシビリティ向上対策も1990年代から施策が推進され、『共通の富 A Common Wealth』（1999年）では、教育的な不利や身体障がいをもつ人々が博物館を利用する際の障がいは、博物館施策を変革す

ることですぐにでも対処できるとして[8]、施策および博物館関係者の意識と活動内容の一大転換を迫りました。

このように、国際機関や欧米の諸機関は時代の大きなうねりのなかで、博物館が自らを変革させる努力をするための指針を示してきました。後述しますが、これらの指針は後に日本博物館協会の報告書にも反映されました。

B. 日本の「ユニバーサル・ミュージアム」をめざす動き

日本では、UNESCOの勧告や『卓越と公平』(アメリカ)、『共通の富』(イギリス) などの内容のほか、さまざまな国内状況や博物館をめぐる現状の調査結果などに基づき、日本博物館協会による報告書がまとめられました。

日本において障がい者の博物館教育へのかかわり方についての本格的な議論がはじまったのは1990年代に入ってからのことです[9]。一方、日本の博物館では染川香澄らによる著書や旧・文部省の「親しむ博物館事業」(文部省生涯学習局 1999) などがきっかけとなって1990年代後半以降「ハンズ・オン」という用語が使用されるようになり、この考え方は特に子どもの博物館における学びを充実化させることに大きな役割を果たしました[10]。そして1990年代末には、神奈川県立生命の星・地球博物館の館長(当時)濱田隆士らにより「ユニバーサル・ミュージアム」という用語が障がい者に限らない幅広いとりくみとして提唱されました[1]。

こうした国内の動きや世界の潮流に呼応するかたちで、日本博物館協会はミュージアムパーク茨城県自然博物館の館長(当時)中川志郎を中心として2001年(平成13年)に『「対話と連携」の博物館:理解への対話・行動への連携』をまとめ、高齢者、障がい者、外国人対応などのための、より詳細な目安や手引の作成へとつなげていきました。それが、文部科学省委託事業として2004年(平成16年)度から進められた「誰にもやさしい博物館づくり事業」[11] です。

> **基本用語 ハンズ・オン**
>
> ハンズ・オフ(手を触れてはいけない)ではなく、どんどんさわって自分で確かめる手法で、触れたり匂いをかいでみたり、動かしたり試したり、何より遊んでみることで、自ら発見するチャンスを与えようとする体験学習のことです[12,13]。ハンズ・オンの先にある目標は、マインズ・オン(参加者の心を動かす)であり、触れるだけではなく、参加者に体験を通して考えてもらうことで、琴線に響かせ、興味・関心を呼び覚まし、大きな学習効果を生むことが期待されています。しかし、資料が壊れたり故障したりしやすい手法ともいえます。

> **基本用語** 誰にもやさしい博物館づくり事業
>
> 日本博物館協会が、文部科学省の委託を受けて、すべての人にとって利用しやすく快適な施設とするための調査研究事業として2004年（平成16年）度に開始されました。高齢者対応、障がい者のためのバリアフリー、外国人対応の3委員会を設けてそれぞれ検討を行い、報告書にまとめました。

　こうした日本博物館協会のとりくみとほぼ時を同じくしてはじまったのが、国立民族学博物館の広瀬浩二郎を中心としたユニバーサル・ミュージアムの研究と実践です。このとりくみは、視覚障がい者をはじめ多くの人々が博物館をより身近に感じて楽しむことができるように、博物館資料にさわることの意義を追求するというものです。目が「見えない」という消極論ではなく、資料に新たな価値を見出す「さわる」という積極論に基づき、健常者ならぬ「触常者」を提唱しています[14]。

　このほか、日本博物館協会が2012年（平成24年）に制定した「博物館の原則・博物館関係者の行動規範」には、博物館関係者が共有すべき倫理的な基本事項として、博物館がさまざまな利用者や潜在的利用者に開かれた存在に生まれかわる必要性を説いています[15]。

> 博物館が不特定多数の人に広く開かれた機関であるために、利用の可能性を最大限に確保する必要がある。そのためには利用が想定される人ができるだけ快適に利用できる条件を整備すべきである

実例　深化し続けるユニバーサル・ミュージアム
—国立民族学博物館の特別展を終えて—

　ユニバーサル・ミュージアム（誰もが楽しめる博物館）とは何か。この問いに対する答えは十人十色でしょう。2021年9月〜11月に開催された国立民族学博物館の特別展「ユニバーサル・ミュージアム—さわる！"触"の大博覧会」（図）は、「誰もが楽しめる」ことの真意を来館者に問いかける貴重な機会となりました。各方面で「非接触」が強調されるコロナ禍のなか、あえてさわることの大切さを訴える展示を実施した社会的意義は大きいと考えています。以下では、この特別展の特徴を整理し、ユニバーサル・ミュージアムに関する試論（史

図　特別展「ユニバーサル・ミュージアム」のチラシ
表面には透明な樹脂で点字が印刷されている。

論）を提示しましょう。

　近年、各地で多様な「さわる展示」が試みられています。展示を「見学」できない視覚障がい者への対応が、ユニバーサル・ミュージアムを構想する際の重要な切り口となるのは間違いありません。博物館にとって縁遠い存在だった視覚障がい者をひきつける手段として、「さわる展示」が有効なのは確かです。では、「さわる展示」を訪れる見常者（視覚に依拠して生活する人）の反応はどうでしょうか。子どもたちが「さわる＝遊ぶ＝壊してもいい」という勢いで、乱暴に資料・作品をとり扱う場面によく出合います。これに対し、さわろうとせず、見るだけで通りすぎていくのが大多数の大人です。

　博物館と来館者が「さわるマナー」（なぜさわるのか、どうさわるのか）を共有しなければ、「さわる展示」の普及は期待できないでしょう。コロナ禍により、ハンズオンコーナー、体感型の展示は軒並み休止されました。感染拡大予防の観点で、休止はやむをえない措置です。しかし、無抵抗のままに休止を受け入れた事実は、「なぜさわるのか」「どうさわるのか」という問いに、ほとんどの博物館関係者が答えられない現状を露呈したともいえるでしょう。

　ユニバーサル・ミュージアムを具体化する方法として、2つのコンセプトをあげることができます。第一は「無視覚流鑑賞の気づき」です。特別展の7つのセクションのうち、5つは照明を落とす「暗い展

示」としました。「暗い展示」では視覚を制限することによって、触学・触楽へ向かう環境を創出できます。展示物があることはぼんやり見えるが、詳細を知るためには、手を伸ばして確かめなければならない。まずは、博物館とは「見る／見せる」場であるという常識をひっくり返すことをめざしました。展示物に触れる体験を通じて、来館者は「さわらなければわからないこと」「見るだけでは気づかないこと」があるのだと理解できるでしょう。「なぜさわるのか」については、見ないからこそ得られる「発見」があったことが来館者アンケートに記されています。

一方、「どうさわるのか」については道半ばという印象です。特別展では汚損・破損事故が頻発しました。汚損・破損は来館者が展示物にしっかりさわった証拠ですが、壊れることを前提としていては「さわる展示」の進化・深化は望めません。展示物の背後にいる者（ヒト）、モノを創り使い伝えてきた「目に見えない手」をどれだけ意識できるのかが「さわるマナー」の要諦です。優しく丁寧に物・者に触れるトレーニングは、博物館と学校が連携し、教育プログラムとして練り上げていくことが必要でしょう。

次に、ユニバーサル・ミュージアムを実現する第二の方法は「触角鑑賞の築き」です。「さわる」と聞くと、手を思い浮かべる人が多いでしょう。しかし、触覚は身体各所に分布しています。皮膚で感知する温度や湿度、足裏がとらえる地面の凹凸も触覚情報の一部です。特別展では「風景にさわる」「音にさわる」などのセクションを設置し、全身の感覚で展示物の感触を味わうことを奨励しました。視覚以外の感覚で楽しめる資料・作品を集めたことにより、結果的に特別展は視覚障がい者のみならず、聴覚障がい者・知的障がい者などにも博物館の魅力をアピールできたと感じています。

博物館は視覚優位の近代の申し子として成立・発展しました。とはいえ、人類が視覚に過度に依存するようになるのは近代以降、たかだか200年ほどのことでしょう。長い人類史を俯瞰すると、動物と同様に人間も、全身の感覚を駆使して生きてきたことがわかります。特別展では、身体に眠る潜在能力を呼び覚ますことを意図して、「触角」と

いう語を多用しました。「人類は体中の触角を伸ばして世界と触れ合っていた。近代以後、視覚に頼るようになった人類は触角の役割を忘却してしまう。」こう考えると、脱近代を指向するユニバーサル・ミュージアムが「さわる展示」にこだわる理由が明確となるでしょう。

　特別展の最後のセクションは通常の照明の下、「見てわかること、さわってわかること」と名づけました。視覚も触覚も広義では触角の構成要素であるという理念に基づき、「見る」と「さわる」の相乗効果を促すセクションです。ユニバーサル・ミュージアム研究の現場では、見常者に対し、「触常者」（触覚に依拠して生活する人）という呼称が用いられてきました。触常者の代表が視覚障がい者です。ただし、「触常者＝視覚障がい者」ではありません。特別展の成功を経て、触常者の新定義が生まれました。触常者とは、触角の復権を担う実践者である。特別展「ユニバーサル・ミュージアム」は2023年以降、全国巡回しています。各地で接触と触発の連鎖を巻き起こし、「目の見える触常者」を増やしていければ幸いです。

実例　ともに楽しみ、魅力を発見 触れて対話し、共有していく
—愛知県美術館—

　「今回は多くの彫刻にさわらせていただきました。帰宅後もこの手に感触が残っていて、一体一体を思い出しながら再感動です。〇〇さんと〇〇さんのお二人にガイドしていただき、細かな箇所まで説明してもらいながら、手で触れると頭の中にその部分が浮かび上がるので、全体のイメージを思い浮かべて楽しみました。」（60代女性・全盲）

　これは、愛知県美術館が1998年（平成10年）から開催している、「視覚に障がいのある方とのプログラム」の参加者の感想です。美術作品は視覚芸術とも呼ばれ、鑑賞者は基本的に視覚からの情報によって鑑賞してきました。このため、視覚障がい者にとって美術館は足を運びにくい場所のひとつでしたが、視覚障がい者たちの美術を鑑賞した

いという強い気持ちが周囲の人々を動かし、現在では各地で視覚に障がいのある人たちとのさまざまな鑑賞法が生まれています。

　冒頭の感想にあるように、愛知県美術館では、プログラムの参加者は彫刻作品に直接触れて鑑賞（触察）しています。学芸員であっても作品に直接さわる機会は少なく、プログラムの計画を機に初めて触れることがほとんどです。触れてみて、視覚で確認していたつもりでも見逃していたことが多くあることに気づかされます。彫刻に触れることで、作家の表現の工夫や粘土上の作家の指跡などを見つけたり、また目を閉じて触れてみることも、どのように視覚障がい者と触察や対話をしたらよいかを考えるうえでヒントとなります。複雑なポーズの人体像の触察では、像の背中側肩あたりから手を伸ばすと自分と同じ方向になるのでかたちを把握しやすいといった気づきもその一例です。

　このように博物館や美術館にとって、これまでとりくんだことがなかった方法や考え方を通して資料や作品を再確認することのひとつの意義は、各資料や作品をより深く理解できることにあります。愛知県美術館では、作品への新たなアプローチ法や解釈を視覚障がい者に伝達する方法を、プログラムごとに試行錯誤しています。

　なお、プログラムの実施にあたって欠かすことができないのは、解説ガイドや点字翻訳のボランティアの存在です。名古屋市を拠点に活動するガイドボランティアグループ「アートな美」は、1993年（平成5年）に活動をはじめ（当初の名称は名古屋YWCA美術ガイドボランティアグループ）、定期的な会合と研修を重ねており、地域の博物館・美術館での鑑賞プログラムにおいて、作品と参加者をつなぐ重要な役割を果たしています。

A．愛知県美術館「視覚に障がいのある方とのプログラム」

　愛知県美術館では、プログラムを次のようなプロセスで準備し実施しています。
① 参加者募集　② 鑑賞作品選択　③ 解説執筆　④ 点字翻訳
⑤ 触図作成　⑥ リハーサル　⑦ 本番
　このなかで、③ 解説は作品の姿をいかに言葉へ置き換えるかととも

に、新しい視点も含め、作品のどこに重点をおいて伝えるかを念頭に、言葉を丁寧に選択し文を構成する、大事な作業です。担当学芸員間で、作品のテーマと構図の関係性や作家の意図、新しい発見など、見どころについて話し合います。このように鑑賞のポイントを明らかにし、参加者が「彫刻作品や触図にさわること」を前提に文を書いていきます。この文章は触察の順序といった当日の鑑賞プロセスとも関連することになります。完成した解説は、点字翻訳ボランティアに翻訳を依頼します。

⑤ 触図は、直接触察することができない絵画作品を鑑賞するための補助ツールのひとつです。原作から描き起こした図を特殊な紙（カプセルペーパー）にコピーし、赤外線の熱を与える機械で黒い部分を盛り上げて、手で触れてかたちを読みとれるようにしたものです。愛知県美術館では学芸員が手づくりしており、鑑賞のポイントを明確にかつ意図的に伝えるために、本来のモチーフの線をあえて省略したり太く強調することもあります（**図1**）。

⑦ 本番では、視覚障がい者一人につきボランティアが一人か二人つくグループで鑑賞しています。学芸員も巡回してグループに加わり、対話し、鑑賞体験を共有します（**図2**）。ボランティアや触察に慣れた参加者の鋭い洞察や疑問で、作品への新たな気づきを得る場面も多く、

図1　アンリ・マティス《待つ》（1921〜1922年、愛知県美術館蔵）の触図
窓と窓の隙間を目立たせるため、中央の窓枠を盛り上げて、原画よりも窓枠を濃くしている。窓に焦点を当てることで、タイトル《待つ》、窓、窓前の女性の様子から、ストーリーを語ることができることを期待する。

図2　愛知県美術館の「視覚に障がいのある方とのプログラム」の様子
触察や対話で、ボランティアグループ（アートな美）と鑑賞。最後に全員で感想や発見を共有する。

視覚に障がいのある方とのプログラムは参加者とともに作品の本質に迫る貴重な機会となっています。

B．オンライン鑑賞

　オンラインの活用も、作品の新しい面に光を当てたという点で、作品と鑑賞者との関係に画期的な変化をもたらしました。2019年（令和元年）末から流行した新型コロナウイルス感染症下で、博物館・美術館は来館者が減少し、ギャラリートークや学校団体鑑賞会も実施が困難になりました。そのなかで模索しつつはじめられたオンライン鑑賞は、美術館・作品・鑑賞者との関係構築において、ユニバーサル・ミュージアムの理念に叶った媒体のひとつとして考えることができます。遠隔地に限らず、来館が困難な状況下に鑑賞の場を生み出した点で、オンラインの可能性の広がりが感じられます。

　愛知県美術館では、盲学校、県内高校、県外高校、県内大学とそれぞれオンラインでつながり、鑑賞を試みてきました（**図3**）。盲学校と県内高校の交流を伴った鑑賞授業では、参加した県内高校は、これまでのカリキュラムでは実現しえなかった、盲学校の生徒との交流と鑑賞を共有するという経験ができ、また「美術館」は学校の中に入り込むことができました。敷居が高く緊張する空間というイメージの美術館が、日常の教室に映し出されたことで気楽に鑑賞できたと感じた生

図3　盲学校、県立高校、美術館を同時につないだオンライン鑑賞
盲学校で、屋外展示作品の模型に触れている。

徒もいたかもしれません。オンライン鑑賞では、学芸員が屋外彫刻作品に触れている様子を映し、また作品に触れたその音から大きさや材質を想像してもらうなど、視覚のみならず、触覚、聴覚の各要素から重層的にその作品のよさを鑑賞できることにも気づかされました。

　このように、さまざまな機会に、誰もがいっしょに楽しめる場を追求することは、参加者とともに資料や作品に新たな価値を付加していくことでもあり、未来へそれらを継承していく博物館・美術館にとって重要な使命のひとつと考えられるのです。

誰もが利用しやすい、誰かと出会える博物館
―三重県立美術館―

　すべての人が博物館を利用する権利や自由の保障は、博物館の大原則ともいえるでしょう。三重県立美術館の場合、館のビジョン「三重県立美術館のめざすこと」に「誰もが利用しやすい環境を整えます」という活動指針を掲げています。この目標の達成のために、三重県立美術館では「美術館のアクセシビリティ向上推進事業」を実施しました（2020～2022年度）。

　同事業ではさまざまなことに挑戦しましたが、ここでは主なとりく

100　第2章　博物館教育の方法

図1 「三重県立美術館ソーシャル・ガイド」の校正

みを2つ紹介します。一つ目が、来館支援教材「三重県立美術館ソーシャル・ガイド」の開発です。この教材は、発達障がいのある人（主に自閉症スペクトラム障がいのある人）やその友人・家族が安心して来館できるようになることをめざし、三重県自閉症協会の協力を得て作成しました。ガイド内では、コミュニケーションの習慣や暗黙の了解が、平易なテキストと写真を使って説明されています。美術館がつくった案に対して、自閉症協会が助言をし、修正を加えることでガイドが完成しました（図1）。来館前に参照されることを想定しているので、ガイドは美術館のWebサイトにアップロードされています。特別支援学校の団体来館の前に学校で活用されることもあります。

二つ目が、「美術にアクセス！──多感覚鑑賞のすすめ」展（以下、アクセス展）の開催です。この展覧会は、障がいの有無にかかわらず、誰もが楽しめる展示をめざして企画した当館の所蔵品展です。開催した2021年（令和3年）夏は、コロナ禍の真っただ中でした。作品や触図、教材に「さわる」体験に重きを置いた展示であったため、消毒液を設置したり、手袋を用意したりするなど、感染拡大防止にも配慮

図2　アクセス展の展示風景
〔撮影：松原 豊氏〕

する必要がありました。さわれるものとさわれないものが、触覚や視覚を使って区別できるよう、アクセス展の会場には、さわれるものの前にピンク色のマット（視覚障がい者歩行誘導ソフトマット）を敷きました（**図2**）。この識別方法は、見やすい、わかりやすいという声があった一方、目の見えにくい人からは「床とマットの色の明度の差がなく、ちがいがわかりにくい」という意見がありました。

　また、アクセス展の会場の解説パネルの下には、テキストの音訳を再生する装置を置きました。音声の再生については、デバイスの貸出をはじめ、さまざまな方法を検討しましたが、目の見えない人が触覚をたよりに操作することを考え、最終的にはボタンに触れるとスピーカーから音が流れるシンプルなしくみを採用しました。ところが、いざ展覧会が開幕すると、会場のいたるところで音声が流れ続ける状態になりました。来館者アンケートに自身が「感覚過敏や自閉スペクトラムの傾向あり」と記入した人は、「音声ガイダンスをすべての人がイヤホン対応だったら嬉しかったかも」という意見をつづってくれました。

　みなさんは、冒頭の「誰もが利用しやすい」の原則を、どこか当たり前のことだと思っていませんでしたか。ところが、上の事例が示すように、この目標はたやすく達成できるものではありません。そうはいっても「誰もが利用しやすい」博物館の実現は所詮無理だと諦める前に、解決の糸口を提示したいと思います。アクセス展では、先にあ

> げたソーシャル・ガイドの開発過程に1コーナーを割いて紹介していました。このコーナーは、いわゆる美術作品の展示ではありませんでしたが、アクセス展で最も反響があったコーナーのひとつでした。来館者からは、「そもそもガイドが必要なことに気づいていなかった」という意見も聞かれました。自分以外の人や未知のモノに出会うことは、多様な人々がともに生きるための第一歩ともいえるのではないでしょうか。博物館はそのような体験ができる場でもあってほしいと思います。

　ここに紹介した日本における主な流れを支えてきた実践者や研究者たちは、すべてが必ずしもユニバーサル・ミュージアムという用語を使用していたわけではありません。しかし、これまで日本の博物館が重視してこなかった利用者層に対する重要な実践や報告として、誰もが楽しめる博物館をめざす考え方の中心に位置づけられるものといっていいでしょう。

〈引用文献・Web サイト〉
1) 濱田隆士ほか 編：ユニバーサル・ミュージアムをめざして―視覚障害者と博物館―, p.205, 神奈川県立生命の星・地球博物館（1999）
2) 国立研究開発法人建築研究所：ユニバーサルデザイン7原則（古瀬敏, 安澤徹也, 柳田宏治, 清水道子, 堀川美智子 訳）（1997）： https://www.kenken.go.jp/japanese/research/hou/topics/universal/7udp.pdf
3) 吉荒夕記：美術館とナショナル・アイデンティティー, p.104, 玉川大学出版部（2014）
4) 平井康之ほか 編：知覚を刺激するミュージアム―見て、触って、感じる博物館のつくりかた―, p.25, 学芸出版社（2014）
5) 倉田公裕, 矢島國雄：新編 博物館学, p.349, 東京堂出版（1997）
6) 国際博物館会議：イコム職業倫理規定, p.8（2004）
7) 寺島洋子, 大髙幸 編：博物館教育論, p.188, 放送大学教育振興会（2012）
8) Anderson, D.：*A Common Wealth: Museums in the Learning Age*, p.94, The Stationery Office（1999）
9) 濱田隆士ほか 編：ユニバーサル・ミュージアムをめざして―視覚障害者と博物館―, p.141, 神奈川県立生命の星・地球博物館（1999）

10) 布谷知夫：博物館の理念と運営―利用者主体の博物館学―，p.57，雄山閣（2005）
11) 文化庁　博物館に関する調査研究報告書：
    https://www.bunka.go.jp/seisaku/bijutsukan_hakubutsukan/shinko/hokoku/
12) 染川香澄：子ども博物館から広がる世界，p.8，たかの書房（1993）
13) 染川香澄：こどものための博物館―世界の実例を見る―，p.3，岩波書店（1994）
14) 広瀬浩二郎：さわる文化への招待―触覚でみる手学問のすすめ―，p.191，世界思想社（2009）
15) 日本博物館協会：博物館の原則・博物館関係者の行動規範，p.6（2012）
16) 広瀬浩二郎：さわる文化への招待―触覚でみる手学問のすすめ―，p.67，世界思想社（2009）
17) 広瀬浩二郎：さわって楽しむ博物館―ユニバーサル・ミュージアムの可能性―，p.153，青弓社（2012）
18) 広瀬浩二郎：さわって楽しむ博物館―ユニバーサル・ミュージアムの可能性―，p.10，青弓社（2012）
19) アートな美：
    https://www.nagoya-ywca.or.jp/fukushi/biguide/bitop.html

20) 愛知県美術館　視覚に障がいのある人たちとのプログラム：
    https://www-art.aac.pref.aichi.jp/education/disabilities-program.html#disabilities

21) 触図について　愛知県美術館紀要2005年度：
    https://www-art.aac.pref.aichi.jp/collection/pdf/2005/apmoabulletin2005p65-74.pdf

2.3 想像力と語り合いによる学び

　博物館・美術館には、私たちの想像力を刺激するものがたくさんあります。そうした資料を使いながら、想像力を働かせ、語り合うことで論理性を高めたり、脳を活性化させたりするプログラムが考案されてきました。ここではVTSと地域回想法について紹介します。

2.3.1　VTS

　日本の美術館で「作品を自由に見る」ことを積極的にすすめるようになったのは、いつごろからでしょうか？　それに関連したvisual thinking strategies（視覚的思考法、以下VTSと記す）は、20世紀から21世紀にかけてアメリカを中心に、美術館で最も影響を及ぼした鑑賞教育方法のひとつです。これからVTSについて見ていきましょう。

A. VTSの成り立ち

　VTSは1988年から、当時マサチューセッツ美術大学の教授だった認知心理学者アビゲイル・ハウゼンとニューヨーク近代美術館の教育部長だったフィリップ・ヤノウィンが共同で開発しはじめました。学芸員が一方的に作品の解説をするのではなく来館者に質問をする対話による鑑賞法です。美術館のインストラクター（ミュージアム・エデュケーター*）が展示室でギャラリートークを実践しながらその指導法を展開していきました。この方法が知られはじめた当初には、アメリカ博物館協会やアメリカ美術教育協会の定例会議で、ヤノウィンらによるVTSに関する分科会が開かれると、会場から参加希望者が溢れるほどの関心が寄せられていました。1995年にはハウゼンとヤノウィンは美的発達の探究と理解を促すVTSを広める使命をもつとされる非営利法人「視覚的理解の教育 visual understanding in education；VUE」[1]を組織しました。そこではVTSを、誰もが批判的思

＊アメリカでは、美術を学んだ人が複数の美術館で非常勤のインストラクターとして教育普及プログラムに携わることが多く、ミュージアム・エデュケーターと呼ばれることもあります。

考とコミュニケーション能力を開発する有効な手段であるとしています。

　VTS はアメリカ国内で美術教育と批判的思考の重要なプログラムのひとつとなり、さらに国語や理科の授業に用いられるなど、美術館にとどまらず学校や大学で実施されるようになりました。また海外にも波及しました。

　日本では、1994年（平成6年）に水戸芸術館でヤノウィンによる学芸員のためのワークショップが開かれたことをきっかけに広まりました。学芸員がそれぞれの美術館に VTS の経験を持ち帰り試しましたが、解説型ガイドツアーに慣れている来館者にとっては作品の前で学芸員の問いに応えることに抵抗を感じ、不満を唱えたケースもあったといいます。

　日本の美術館では静かに作品を見るといった慣習、また作品を鑑賞するのは大人であるといった長年の習慣によって、VTS がすぐにとり入れられる土壌はできていなかったのでしょう。一方で2000年代になると学校教育で博物館の利用が促されました。教員養成の期間に美術館での鑑賞学習について学ぶ機会がなかった教員にとっては、どのように美術の授業を進めるかは課題のひとつでした。そこにアメリア・アレナスが日本の小学校・中学校の教員用教材として対話型鑑賞法『MITE!』（2001）を制作し「誰もが指導可能」な美術鑑賞を提示しました。アレナスはヤノウィンが教育部長のときに、エデュケーターとして美術館で VTS を実施していた一人です。日本では美術館で学芸員が VTS を取り入れ、学校では教員が対話型鑑賞法を試みはじめたのです。

B. VTS — 美的発達段階

アビゲイル・ハウゼンの研究と理論

　ここでは1970年代半ばから調査を行い、VTS が生まれる発端となったハウゼンの研究に触れ、その理論を概観しましょう。ハウゼンは、それまであまり研究対象とされなかった美術の初心者と専門家を観察しました。さらに美的思考を分析する方法論の調査を重ね、1980年代には芸術作品を見た個人のインタビュー「美的発達に関するインタビュー The Aesthetic Development Interview」を行いました。この方法では被験者は、図像を与えられ単純な質問を受け、考えていることをそのまま声に出し、見ている絵について素朴に話すことを促されます。結果に影響を与える指示や質問はされません。

6歳から80歳代の男女6,000人を超える人々に対する質問には絵画や彫刻を対象とした種々の美術作品が使われました。この長年の研究結果、ハウゼンは被験者が美術について思考する5つの異なるパターンを特定して、美的段階として確立したのです。

◆**美的発達 ― 5段階理論**

　ハウゼンは、思考パターンを以下のような5つの段階に分類しました。

第1段階　物語の段階 Accountive Stage

　鑑賞者は物語の語り手である。美術作品について具体的に観察し、自分の感覚や記憶、個人的な連想を使って物語を紡いでいく。自分が知っていることと好きなことをベースに判断をする。鑑賞者は自分の感情でコメントを彩り、美術作品に入り込み、物語の展開の一部になろうとする。

第2段階　構築の段階 Constructive Stage

　鑑賞者は自身の知覚、自然界についての知識、社会的および道徳的価値観、一般的な世界観といった最も論理的で受け入れやすい手段を使い、美術作品を見るための枠組みを構築する。もし作品が予想できないもの、明らかに技と技術が欠けている工芸作品、丁寧に仕上げられていないもの、機能がなく有用でないもの、あるいは主題が適切でない場合、鑑賞者はそれらを「変なもの」とし、何かが欠如しているか、価値がないと判断する。しばしば現実的であるという感覚が価値を決定する基準にあてられる。作品によって気持ちが沈みがちになると感じれば、鑑賞者は美術作品から遠ざかりはじめる。

第3段階　分類の段階 Classifying Stage

　鑑賞者は美術史家の分類や批判的な立場をとり入れる。作品の制作年、場所、流派、由来を知ることで満足する。さらに図書館で資料や図版を求め、それらの事実によって作品を解き明かそうとする。美術作品は適切に分類され、作品の意味やメッセージは合理的で説明することができると信じている。

第4段階　解釈の段階 Interpretive Stage

　鑑賞者は美術作品に個人的な出合いを求める。作品について探究し、その意味をゆっくり解き明かそうとし、作品の線、形、色などの繊細さを高く評価する。鑑賞者は感情と直観に加え批判的スキルを用い、象徴するものに作品の根本的な意味を見出す。美術作品とさらに出合うことで、新しい比較、洞察力、経験を得る機会と

なる。美術作品の作風や価値が再解釈の対象であることを知り、その機会と変化の過程を理解する。

第5段階　再創造の段階 Re-creative Stage

　鑑賞者は美術を観賞し作品について考え、不明なことに対して喜びをもって解き明かす。見慣れた絵画は親しみのある旧友のようだが、いまだ驚きに満ち、常に魅力的で高揚に値する平面である。解き明かす要素がさまざまにあるなかで時間は重要な鍵となる。ここで鑑賞者は、時代、歴史、解明されていないこと、絵の来歴、複雑な背景といった作品の様態を知ることができるようになる。作品の歴史と一般的な見解をひいてくることで、個人的なものと普遍的なものを複雑に組み合わせる。それらは記憶となって絵画の情景に注ぎ込む。

　この5段階の美的発達理論をもとに、ハウゼンとヤノウィンは10年以上にわたり共同して美術鑑賞の指導法を開発していきます。それをVTSと呼ぶようになりました。

◆ **VTSにおける美的思考の過程**

　ハウゼンによると来館者のほとんどが第1段階と第2段階の初心者だといいます。そこでハウゼンとヤノウィンは、学習者が美的経験の新しい段階に移るための美的発達を促進する測定可能なプログラムを作成しました。以下に小学生を対象とした研究結果[2]を見ていくことにします。

　この研究では美術作品のインタビューに加えて、外国コイン、風速計、化石などの人工物を見て自由解答の質問がなされました。5年間の研究過程で小学生は第1段階の平均値から第2段階の平均値に移行し、その結果半数が第2段階の上位になり、何人かは第2段階と第3段階の移行段階にたどり着きました。小学生は「表現的な美術」に適応しながら鑑賞スキルの成長を示したといえます。しかし、第1段階の鑑賞者は芸術であろうとなかろうと、ひとつの画像から数種の物語を描くために、自分がもっている知識に基づいて、すべてランダムでまばらな見方をする傾向が強くあります。

　第1段階の鑑賞者は直感的に行動し、装飾美術で多くのものを学ぶには限界があるとしています。

　第2段階の鑑賞者は、より多くの関心とスキルをもって装飾芸術を見る体験を積みます。職人の技に感動し、物がなぜいま見えているように見え

るのか、またどのような方法でつくられたかにある程度の関心をもちはじめ、次第にデザインの要素や機能に発展し、その質問に興味がそそられるようになります。

　第3段階の鑑賞者には、分類、制作者、歴史および条件が焦点となり、そのようなデータが記憶に残るようになります。事実を記憶することはよい動機づけとはなりますが、それらの情報は必ずしも鑑賞者にうまく使われてはいません。しばしば誤解や誤用されることがあり、情報に意味のある場合とない場合があります。第3段階の鑑賞者は自分の知っていることを超えるために作品をより観察し、別の情報や他のさまざまな意見と交わることで洞察力を深めることを促されます。

　VTSでは、美術を理解するための成長は年齢に関連するとしても、それによって決定されることはないとされます。美術の経験がない人は年齢に関わりなく第1段階です。大人が子どもよりも高い段階にあるとは限りません。時間をかけて芸術に「晒（さら）される」ことが唯一の高い段階にいく方法であり、その時間とのかかわりなくして美的発達は起こりえないのです。

　そこで美術とかかわりを深めるためには、解答が限定されない質問をすることが重要です。以下の3つの質問が注目され、最初の重要な基礎となる発問とされています。どの段階においても機能するものですが、特に初心者の第1、2段階に使われます。

> この絵のなかでどんなことが起きていますか？　What is going on in this image?
> 何を見てそう思ったのですか？　What do you see that makes you say that?
> さらに何かを見つけることができますか？　What more can you find?

　これらの質問を軸に、教師は生徒や学生の発言を支持しながら議論を展開していきます。

C. 学校におけるVTSの実践カリキュラム

　幼児から小学校6年生のカリキュラムでは、教師が1年間に9クラスのVTSの授業を学校で行い、3年生以上ではそれに加え1回の美術館訪問を行います。通常各セッションでは、時代、文化、表現媒体がそれぞれ異なった一連の3つの画像を用意します。作品は注意深く選択され、幼児と1年

生の場合は大きな複製画像を準備し、その他はグループが集中して話し合えるものを使用します。

　ひとつの画像の話し合いは 12 〜 20 分です。生徒が注意深く見て意見を展開するためには十分な時間です。まず生徒は話をせず絵をじっくり見ます。その後、最初の質問「絵に何か起きていますか？」を受けます。生徒は意見を述べると常に「何を見てそう思ったの？」とたずねられ、解釈の裏づけを求められます。教師は聴く過程を大切にし、生徒に絵のなかでとり上げているものを指で示させ、ときには教師もさし示しながら生徒の発言を常に簡単な言葉で言い換えます。生徒たちは自分たちが話していることはすべてきちんと「聴かれている」ことが確認できます。議論が進むにつれて、意見を収束させたり広げたりして、生徒が人の意見を聴き、観察したことや意見の多様性をとり入れる環境づくりをします。生徒は自分自身を表現し、複数の視点を考慮し、グループで討論し、推測し、結論を改めます。こうして他と互いにアイデアを構築し、多様な意味を総合し、共有するスキルを開発するのです。

　美術教育において美術制作や鑑賞スキルを向上させ、視覚的なリテラシーを開発することは重要です。さらに思考やコミュニケーションの基準を満たすために、3 年生では選択として、4、5 年生では必須として読み書きが奨励されます。特に観察、推測、証拠に基づく推論のスキルは美術鑑賞から他の現象、例えば読み書きにも転移するといいます。美術について考えることは審美的思想ともいえる豊かで複雑なものです。VTS における美的思考は比較的短時間で批判的思考と創造的思考などの認知操作を成長させるとしています。

　このように VTS は、一定の基本的で論理的なルールに従ったカリキュラムです。最初は制限されているように見えながら、決まった解答のない質問をし続け、鑑賞者が知っていることから、さらに情報を探し調査することを促すものです。

D. VTS の変遷 ── 美術と他教科

　VTS の開発と普及に影響を与え続けているヤノウィンは、それに至るまでに多くの美術館でミュージアム・エデュケーターとして活動しました。1972 年（昭和 47 年）には知覚に焦点を当て、作品と相互にかかわる鑑賞の

実験的なプログラム＊『芸術認識 Arts Awareness』を行っています。ニューヨーク近代美術館の教育部長だった1980年から1990年代には、ハンズオンや制作活動に対して、個人の鑑賞経験が継続的に育つことをめざしていると語っていました。それが視覚的思考による美的発達の方法だったのです。ハウゼンとの出会いはヤノウィンにとって美術館の鑑賞教育に新たな方法論を提示しただけでなく、美術の枠を超えた学校の他教科のための教育指導法として発展することになりました。

　教育方針が州ごとに定められているアメリカですが、21世紀に入り、教科ごとに全国標準の具体化がはじまりました。この変化に伴い、VTS における思考スキルも活用されることになりました。数年にわたる研究からグループによる共同学習のなかで、視覚的リテラシーと言語リテラシーへと転化していったのです。

　VTS は、詩から数学、理科、社会科にいたるまでほとんどの教科において深く適用し、その学習プロセスを活性化する方法を提供しているといわれています[3]。しかしあくまでも「美術」が欠かすことのできない最初の話し合いの主題です。そこで生徒は自らが知らないことを明らかにするために既知のものを使うことを学びます。自分の自信と経験を開発するために既存の視覚と認知能力を使用できるようにしていきます。その後、生徒は個々にあるいは仲間で問題や複雑なテーマを探求することになります。いわば美術の視覚的思考が習慣化され、他の教科の学習に有効に働くことを示しています。

E. VTS のファシリテーターとミュージアム・エデュケーター

　21世紀のアメリカでは、美術館で VTS を積極的にとり入れるミュージアム・エデュケーターと、導入として活用はするがそこから独自に発展させるケースなどさまざまな展開を見せています。むしろ学校の教師が活発に VTS を実践するようになっています。

　教師がファシリテーターとなって生徒が美術の作品について話すことを促し、教師と生徒の両方にプラス効果を継続的にもたらすために記録をす

＊国の助成金によるプロジェクト。同名の動画資料はメトロポリタン美術館図書館所蔵。筆者は1992年の取材時にフィリップ・ヤノウィン本人から直接 VHS を借用し許可を得て複製しました。

る方法です。ファシリテーターとは教える人ではなく、参加している人々の話し合いを促進させる役割を担います。

　ここまで記述してきたVTSはあくまでも概略です。「博物館教育」を学ぶうえで、VTSを簡単に実施できる鑑賞法として読み間違えてはならないでしょう。学習者に3つの質問をしながら、教師は必ずしも美術の専門知識をもたなくてもよいとされることが少なくありません。しかしVTSを注意深く読み解いていくと、参加者のすべての発言をやさしい言葉で適切に言い換え、発言者と聞く者に対して「見ている自分自身」の認識を常に覚醒させているのがファシリテーターです。それには想像力と創造性、そしてコミュニケーション能力が必要とされます。どのような子どもの発言があるかを予測しながら教師自身も作品についてよく観察する必要があるでしょう。そこから情報や資料にも関心を広げることになります。しかしVTSのやりとりで教師は調べたことはもとより感じたこと考えたことを決して生徒に語り誘導はしません。VTSとは、どのように人々が対象を知覚し、見ているものを解釈し、そこから何を学ぶのかを理解することなのです。VTSの実施においては、学校の教師もミュージアム・エデュケーターも美的思考者として、鑑賞者とともに美術との新たな出合いのなかで常に美的認識を高めていくことが求められるでしょう。

〈引用文献・Webサイト〉

1)　Visual Thinking Strategies：
　　http://www.vtshome.org/
2)　Yenawine, P.：Housen's Theory and Decorative Arts Education, in *Old Collections New Audiences, Decorative Arts and Visitor Experience for the 21st Century*. Braden, D. R.(ed), Henry Ford Museum & Greenfield Museum（2000）
3)　フィリップ・ヤノウィン：どこからそう思う？　学力をのばす美術鑑賞 ヴィジュアル・シンキング・ストラテジーズ（京都造形芸術大学アート・コミュニケーション研究センター 訳），淡交社（2015）

2.3.2 地域回想法

　地域回想法とは、高齢者ケア、認知症ケアの分野で注目される「回想法」という手法を用いて、博物館、地域資源、福祉・医療分野とが連携・協働し、高齢者の心身の健康維持と増進、地域社会のつながりの再生、地域社会づくりを進めていこうとするとりくみのことです。

　この地域回想法のとりくみは博物館にも広がりつつありますが、その実際とはいかなるものでしょうか？　また、地域回想法において博物館が担う役割と、博物館が主体となってかかわることによって広がる可能性とはどのようなものでしょうか？　実例をもとに見ていきましょう。

A. 回想法とは

　回想法は、高齢者のもつ記憶をさまざまな方法で引き出し、自分自身の体験や経験について回想を促し、語り合うことで、脳のはたらきを活性化させ、心理的・精神的安定の向上を図るための援助技術です。認知機能の維持や改善、QOL（quality of life；生活の質）の向上が期待されることから、認知症ケアや介護予防の現場において広く採用されています。

　回想法は、1960年代にアメリカの精神科医ロバート・バトラーにより提唱されました。バトラーは高齢者による過去の回想について、自らの人生を振り返り、その意味を探るための自然で普遍的な過程として積極的にその重要性を認め、回想を治療にとり入れました。その後、欧米諸国を中心に臨床実践や研究は進展し、現在では高齢者にかかわる諸分野（医学・心理学・看護学・社会福祉学など）において学際的に研究が進められています。

　多くの臨床実践と研究の成果から、現在、回想法には次のような個人・個人内面への効果が認められています[1]。

- ライフレビュー（人生の統合を促す人生の振り返り：筆者註）を促し、過去からの問題の解決と再組織化および再統合を図る
- アイデンティティの形成に役立つ
- 自己の連続性への確信を生み出す　・自分自身を快適にする
- 訪れる死へのサインに伴う不安を和らげる　・自尊感情を高める

さらに対人関係・対外的世界への効果も指摘されています[1]。

- 対人関係の進展を促す
- 生活を活性化し、楽しみをつくる
- 社会的習慣や社会的技術をとり戻し、新しい役割を担う
- 世代間交流を促す
- 新しい環境への適応を促す

　高齢者の過去の記憶や懐かしい思い出を引き出し、コミュニケーションを図っていく回想法では、昔の写真や実際に暮らしのなかで使われていた古い道具などが、高齢者の記憶を刺激し、回想を促すために非常に大きな効果をもたらします。こうした点から見ると、各地に所在する歴史系博物館、歴史民俗資料館、郷土館には、かつての生活用具、生産用具などが少なからず展示、収蔵されているため、回想法を効果的に行うことが可能な空間であるといえます。

B. 地域回想法の定義

　これまで回想法は、主に病院やデイサービスセンター、グループホームなどの高齢者施設でセラピストや介護スタッフによって認知症ケア、高齢者ケアとして実践されてきました。限られた場で、特定の対象者に向けて行われていた回想法を、対象者の裾野を大きく広げ、実践する場の枠を広げたものが「地域回想法」と呼ばれています。

　21世紀にはじめられた新しいとりくみである地域回想法は、詳しくは次のように定義されています[2]。

　　地域回想法とは、回想法を通じて誰もが気軽に身近な地域で、その社会資源を大いに活用し、人の絆を育み地域のネットワークを広げ、いきいきとした『町づくり』に貢献する社会参加をめざすものである。とくに地域で暮らす高齢者にとっては介護予防を目的として、自分の人生を振り返り肯定的に捉えることによって、健やかで豊かな人生を歩みつづけていただくことを支援する手段のひとつである。また同時に地域のもつ潜在している主体的な力（エンパワメント）を引き出し高めていくことを支援するものである

この定義では、「地域」について3本の柱が立てられています。第一に、地域のさまざまな場で実践され、広く地域住民を対象とした「地域で行う回想法」であるという点です。従来の回想法が病院や介護施設などの限られた場で特定の対象者のために行われていたのに対して、地域回想法は身近な場で行われ、健康な高齢者も含めた地域の高齢者の誰もが参加することができる介護予防事業として位置づけられています。第二に、地域に所在する有形無形の文化的・歴史的資源を活用する「地域を利用した回想法」であるという点です。具体的には、地域の博物館や歴史民俗資料館の収蔵する文化的・歴史的資料、祭礼・年中行事などの地域の伝統行事とそれに関わる諸習慣、懐かしいたたずまいの建造物や街並み、有形無形の文化財が回想を促す資源として利用することができます。第三に、回想法による思い出語りが高齢者を中心として地域の人々のつながりを強化、再生し、地域づくり、まちづくりへと発展していく可能性を秘めた「地域をつくる回想法」であるという点です。

　「記憶、思い出の語り合い→共有・共感」という回想法のプロセスは参加者どうしの絆を深め、新たな人と人とのつながりを形成します。また、回想を軸としたさまざまな活動を継続し、世代間交流や伝承教育などの社会活動へと発展させることで、高齢者と地域の人々とのつながりが生まれ、広がっていきます。そして、伝統文化の継承・伝承が図られるとともに、現代では希薄になっている地域コミュニティの再生へと展開していくことが期待されます。

C. 地域回想法における博物館の役割

　2012年（平成24年）に閣議決定された「高齢社会対策大綱」のなかでは、高齢社会への対策として、高齢者の学校や社会における学習活動、ボランティア活動などの社会参加活動を促進していくことが盛り込まれており、今後、高齢社会対策において博物館をはじめとする社会教育施設の担う役割は、ますます大きくなっていくと考えられます。

　日本博物館協会によって進められた高齢社会対策についての調査研究事業の報告書でも高齢社会への対応は喫緊の課題とされています[3]。

> これからの博物館は、高齢者にとって、社会的な参加を促し、生きがいをもてる場、高齢者の蓄積した資源（能力・経験・財力）を活用し、資源を社会還元する社会的な役割を果たす場、同年代や異年齢の人々とふれあい、学び合う生涯学習の場、親しみ、くつろぎ、生活の質を高める場を目指すべきだ、ということである

　また、2022年（令和4年）の博物館法の改正において、法第三条第三項「地域における教育、学術及び文化の振興、文化観光その他の活動の推進を図り、もって地域の活力の向上に寄与するよう努めるものとする」との規定に関する留意事項（「博物館法の一部を改正する法律の公布について（通知）」2022年（令和4年））のなかで、「その他の活動」には「まちづくり、福祉分野における取組を含む」とし、「地域の活力の向上」には「コミュニティの衰退や孤立化等の社会包摂に係る課題、人口減少・過疎化・高齢化、環境問題等の地域が抱える様々な課題を解決することを含む」とされています。

　高齢者の心身の健康維持を図りながら、他の世代との交流や社会活動への参画を促す地域回想法は、高齢社会のなかで博物館がめざすべきあり方を実現するための有効な方策のひとつであり、高齢社会が抱えるさまざまな問題についての対応策として非常に効果的な手段と考えられます。それでは、博物館が地域回想法にとりくむことを志向した場合、どのような役割を担うことができるでしょうか。

　まず、基本的な役割として、高齢者の記憶を刺激し、回想を効果的に行うための場や資料を提供することがあげられます。地域の博物館、資料館、郷土館などにはかつての暮らしのなかにあった生活道具や伝統行事に関連する資料が展示、収蔵されており、こうした展示や資料は記憶や思い出を引き出す資源として大いに活用できます。例えば懐かしい生活用具の展示コーナーを準備し、少人数で談話できるスペースを用意できれば、高齢者施設の団体での見学や家族・仲間での見学の際に思い出を語り合って簡易に回想法を行う空間とすることができます。また、多くの博物館で行われている学習教材キットなどの館外貸出用資料に、回想法を意識した古い生活用具などと解説・説明書を加えて貸し出すことで、高齢者施設・病院と

いった高齢者ケアの現場など、博物館以外の場所で行われる回想法も支援することが可能となります。こうした資料の貸出事例は、後述する北名古屋市歴史民俗資料館の「回想法キット」をはじめ、愛媛県歴史文化博物館の「れきハコ」、能登川博物館の「回想法セット」などがあげられます。

　上記のような物的支援に加え、地域回想法における博物館の役割として最も期待されることは、高齢者の社会活動の場を創出することです。博物館が日常的に企画して行っている聴きとりによる民俗調査、講座やワークショップのとりくみに、高齢者をボランティアスタッフとして、実践の主体者に位置づけます。ここに回想法という手法を付加的にとり入れることで、回想による心身の健康維持の効果と高齢者自身のもつ技術、知識、経験を他世代へ伝えるという社会的役割を付与することが可能となります。具体的には、かつての暮らしや伝統文化についての記憶や思い出を語ってもらい、その内容を博物館に記録で残し、展示へ反映するというものです。また、伝統的な暮らしやものづくりの講座やワークショップに運営スタッフのボランティアとして地域の高齢者に参加してもらい、企画準備段階のセッションで語られた記憶や思い出を活用しながら内容を決定し、実行していくという方法も考えられます。いずれも回想による高齢者個人の内面的な効果が期待されるとともに、技術や知識が博物館という場で広く社会に共有されます。また、さまざまなプログラムを通して来館者・参加者との世代間交流を促し、伝承教育が効果的に行われる場をつくることができます。自らの記憶、思い出が地域の文化資源として若い世代に継承され、伝承教育における教育的役割を担うことで、高齢者自身に求められる社会的役割の重要性の再認識につながり、より積極的、主体的な形で博物館での社会活動への参画が促されると考えられます。

　このように博物館が地域回想法にとりくんだ場合、展示・収蔵資料などで回想法を支援するだけにとどまらず、高齢者が社会的活動を実践する場を提供できます。同時に博物館側としてはボランティアスタッフなどの人材の確保、世代間交流・伝承教育事業や教育普及活動の幅を広げ、内容をより豊かにするという効果も期待されます。

実例　北名古屋モデル

　地域回想法は2002年（平成14年）に愛知県北名古屋市（当時は愛知県西春日井郡師勝町）で厚生労働省のモデル事業として全国で初めて試みられました。北名古屋市の先駆的とりくみは「北名古屋モデル」と称され、博物館、福祉行政、医療機関、NPO法人、ボランティアなどが連携、協働して回想法を軸とした地域介護予防、地域づくり事業として展開しています。

◆中核施設

　中核となる施設が北名古屋市歴史民俗資料館と北名古屋市回想法センターです。回想法センターは、後述する「回想法スクール」「いきいき隊」の活動の拠点として機能しています。また、資料館は、昭和時代の暮らしの移り変わりを記録、保存する活動に力を注いでおり「昭和日常博物館」という愛称で親しまれています。昭和30年代を中心に昭和の生活用具を大量に展示、収蔵しており、館内には茶の間や電器店・駄菓子屋などの街並みが再現され、懐かしい道具や情景が来館者の記憶を刺激し、回想を促す空間となっています。

　膨大な収蔵資料は館外でも回想法に幅広く活用されており、テーマごとに選択された資料で構成された「回想法キット」は、高齢者施設や医療機関に広く貸し出されています。また、回想法を支援するための各種ツールの研究開発、回想法スクールを修了した高齢者がミュージアム・エデュケーターとして活躍する社会活動の場としての役割も担っています。

◆回想法スクール

　活動の主軸となるのが「回想法スクール」です。介護予防事業に位置づけられ、地域の健康な高齢者も対象です。回想法スクールは年4回ほど開催され、各スクールは週1回のペースで全8回行われます。グループ回想法というスタイルを基本とし、10名程度の高齢者が参加します。スクールには、保健師・回想法担当職員・ボランティアスタッフなどがリーダー、コ・リーダーとして加わり、参加者の健康状態や発言の機会の多寡に気を配りながら会を進行していきます。

回想法スクールを修了した参加者は「いきいき隊」という自主的なグループ活動を行う組織を構成します。回想法による語り合いを中心に手芸、音楽、調理、ものづくりなどのさまざまな自主活動を継続しながら、いきいき隊全体による地域住民との交流を図る各種イベントの実施や回想法の普及啓発にとりくみ、地域づくりにも貢献しています。

◆**回想法を軸とした生涯学習・伝承教育**

　北名古屋市歴史民俗資料館では、回想法を博物館の活動にとり込む試みで、高齢者の健康維持と生涯学習・社会活動との両立を図るプログラムを実践しています。

　2004年（平成16年）に実施した「モノ語りの博物館講座」では、回想法の手法、方法論を援用した高齢者のための生涯学習プログラムを試行しました。健康な高齢者の参加を募り、グループ回想法のスタイルで夏季特別展のテーマ（例えば夏休み、水遊び、川遊び）に沿ったセッションを8回実施し、高齢者の回想内容をもとに展示資料の選定、展示方法の検討、解説の編集を行いました。最終的には展示会全

図　北名古屋市の地域回想法のとりくみ
（左上）昭和日常博物館での情景展示、（右上）北名古屋市回想法キット、（左下）回想法スクールの様子、（右下）ワークショップ「洗濯板と昔のアイロン体験」

2.3　想像力と語り合いによる学び　**119**

体の監修者としての役割を参加者が担いました。回想法の活用で、高齢者の健康維持と展示活動を通した学習と自己啓発を促進し、高齢者の有する知識や技術を展示により社会還元するしくみができあがりました。

　また「いきいき隊」の高齢者をミュージアム・エデュケーターに迎えて「世代間交流ワークショップ」というとりくみも実施しています。洗濯板を使った洗濯の体験、石臼を使った粉ひき体験などを行い、高齢者がもつ経験や知識を、自らの体験、記憶、思い出とともに、来館者、特に子どもたちに伝え、交流を促すことを目的としています（**図**）。

D. 地域回想法による博物館の可能性の広がり

　高齢化は、社会全体で対応していかなければならない問題です。地域回想法は、高齢者の健康維持を図りながら、社会的活動への参画を促すことのできる有効な方策といえるでしょう。地域回想法にとりくむには、福祉行政、医療機関などとの協働が不可欠ですが、博物館が主体的に加わることによって初めて広がる可能性もあります。

　継続的な回想と交流のとりくみは、地域の潜在的な文化資源の再生と再認識、そして次世代への継承へとつながり、それぞれの地域社会がもつ「地域らしさ」を醸成し、交流のネットワークにより地域全体へと広がっていくことが期待されます。こうしたことは、地域文化の発信基地として、社会教育施設として、地域の文化資源、情報、多様な人々が集まる博物館でこそ実現しうる可能性であると考えます。

　回想法を通して地域の高齢者のケアを進めるとともに、博物館における伝承教育や世代間交流事業と連携することで、消失の危機にある伝統文化や慣習を、博物館において物的資料、記録として保存するだけにとどまらず、地域全体で生きた伝統として継承していくことを可能にします。また、地域回想法により掘り起こされ、再認識された「地域らしさ」や地域の特性は、地域再生のための施策のストーリーを描いていく際の重要な核となります。この核は、それぞれの地域に馴染んだ、実情に沿った地域づくりを推進していく大きな助力になっていくものと考えられます。

〈引用文献〉
1) 野村豊子 編：Q＆Aでわかる回想法ハンドブック―「よい聴き手」であり続けるために，p.2，中央法規出版（2011）
2) 来島修志：地域回想法ハンドブック―地域で実践する介護予防プログラム（遠藤英俊 監修），p.51，河出書房新社（2007）
3) 日本博物館協会 編：博物館の望ましい姿シリーズ11，誰にもやさしい博物館づくり事業―高齢者プログラム，p.13，日本博物館協会（2007）

〈参考文献〉
1) 北名古屋市歴史民俗資料館：地域回想法の可能性―多様な導入形態と地域への効果，北名古屋市歴史民俗資料館研究紀要3（2009）

第 3 章

連携する博物館

ワークショップの様子

キーワード

博学連携
地域連携
博物館連携

3.1 博物館と学校を結ぶ

「博物館と学校を結ぶ」。この現代的課題について、まず、なぜ結ぶのか、結ぶことによって何をめざすのかその意味を考え、次に、どのような方法で、何を心がけて行うのがよいのか、そして、結びがさらに深まりのあるものとなるにはどのようにしたらよいかについて考えてみましょう。

3.1.1 結ぶことの意味

博物館と学校を「結ぶ」代表的なかたちは、学校の児童生徒が博物館を団体で訪れて利用することです。児童生徒が博物館を利用する、学校が博物館を活用する基本は、文部科学省が定める「学習指導要領」です。そのうち、小学校の学習指導要領の一部（平成29年3月告示）を見てみましょう。

> **（総則）**「学校図書館を計画的に利用しその機能の活用を図り，児童の主体的・対話的で深い学びの実現に向けた授業改善に生かすとともに，児童の自主的，自発的な学習活動や読書活動を充実すること。また，地域の図書館や博物館，美術館，劇場，音楽堂等の施設の活用を積極的に図り，資料を活用した情報の収集や鑑賞等の学習活動を充実すること。」　（「総則」第3「教育課程の実施と学習評価」から）
>
> **（小学校・社会）** 博物館や資料館等の施設の活用を図るとともに、身近な地域及び国土の遺跡や文化財などについての調査活動を取り入れるようにすること。また、内容に関わる専門家や関係者、関係の諸機関との連携を図るようにすること。
>
> **（小学校・図画工作）** 各学年の「B観賞」の指導に当たっては、児童や学校の実態に応じて、地域の美術館などを利用したり、連携を図ったりすること。
>
> **（小学校・総合的な学習の時間）** 学校図書館の活用、他の学校との連携、公民館、図書館、博物館等の社会教育施設や社会教育関係団体等の各種団体との連携、地域の教材や学習環境の積極的な活用などの工夫を行うこと。
>
> 　　　　　　　　　　　（以上、各教科の「指導計画の作成と内容の取扱い」から）

このように、指導要領では児童らの指導にあたり博物館を含めた社会教育施設や団体の積極的な「活用」「連携」が明示されています。また、今回の改訂で総則の中に「資料を活用した情報の収集」という目的が新たに示されました。学校現場は、教室内では得られない学習効果を期待して博物館を利用しています。

　一方、博物館側はどうでしょうか。博物館法第三条十二には「学校、図書館、研究所、公民館等の教育、学術又は文化に関する諸施設と協力し、その活動を援助すること」と明記されているのが、法的根拠となっています。近年、博物館は社会的機能を果たすために地域の学校に働きかける必要性を感じ、また、博物館利用者のいっそうの増加を図りたいと考えています。そのための方策のひとつとして、学校の団体利用の受け入れを積極的に考えるようになってきたと思われます。

　学校側と博物館側に考え方や思惑の違いがあるものの、その「連携」について両者の関心や重要性が高まっています。実態について見てみると、全国の博物館のうち約76％が「小中学校、高等学校の受け入れ」を行い、約50％が学校への「出張教室」を実施していることがわかります[1]。

　連携を実施している博物館は、規模、館種、設置主体において多様であり、中身についても遠足、社会見学、授業などさまざまな形態です。そして実態をもう少し詳しく見てみると問題点も浮かび上がってきます。例えば、博物館が学校からの要望を一方的に受け入れる「サービス機関」のような存在になっていることがあります。学校から博物館へのいわゆる「丸投げ」です。その一方で、博物館が学校の指導計画と乖離したり子どもの発達段階を踏まえないプログラムを実施したりする、いわば博物館の「一人よがり」で子どもたちに接している例もたまに見受けられます。

　ここで大切なのは、形態の如何にかかわらず、まず学校と博物館が互いの特性を理解し、それを踏まえてそれぞれが主体的な考えをもつことです。そして、融合でも補完でも一方的でもない、互いを認め合うフラットな「連携」の関係性を両者が築くことです。効果が上がる連携の姿とは何かという問題意識を両者がともにもってとりくんでいくことが必要です。

A. 連携のための拠り所

　さて、博物館が学校との連携を進めていく際、その拠り所となるのは、博物館として掲げる理念や使命です。連携することによって、子どもに何をもたらすのか、将来どんな成果を生み出すのか、学校とはどんな関係性を築くのかなど、博物館としてめざす方針や将来像を明確にしておかなければなりません。それを館内のすべてのメンバーで、館長や設置者も含めた組織全体で共有し対応することが必要です。ときには日常業務に追われ方向性を見失うことがあるかもしれません。そんなときに立ち戻る原点であり、羅針盤ともなるのが博物館の理念です。そしてそれは、連携の成果や効果を検証していくときの基本として欠かせないものでもあります。

B. 学校と博物館の学びの特性

　学校教育では教科の単元ごとの教科書が用いられるのが基本です。内容は極めて系統的で、綿密に構築されたカリキュラムがあり、各段階で到達目標が設定されます。その目標に向かってどのように効果的に近づくことができるかが重視されます。目標達成のために授業のどの場面で、どのように博物館を利用するとより学習効果が上がるかということを考えて、博物館活動を位置づけています。

　一方、利用を受け入れる博物館側はどうでしょうか。基本的には博物館に教科書はありません。博物館にある「もの」や「こと」を素材として何かを感じとって考え、知的好奇心の拡大や深化につながっていくことが博物館における学びの特性でしょう。明確な到達目標が設定されない、自由な学びです。そして単なる知識の習得だけではなく、日々の暮らしや社会にかかわるもので、領域のない総合的なものです。

　この両者のかかわり方について大事なことは、お互い相容れないものとか、対立するものと捉えないことです。違いがあるとすれば、両者がどこに、より重きを置いているかという点だけなのです。

　博物館という場において、両者の特性を発揮することによって子どもたちへのかかわりが多面的で重層的になったとき、学校の教室では得られないものが子どもたちにもたらされ、深まりと広がりのある学びとなっていくのです。

3.1.2 連携の方法と心がけること

A. 活動計画書の作成

子どもたちが博物館で活動するとき、その基本となるのは「活動計画書」です。活動に関係する人々が共有すべきものを書類として作成します。その内容は、

> ① 単元名　②ねらい　③ 時間配分　④ かかわる人々の役割分担
> ⑤ 使用する教材　⑥ 留意事項

などがあげられます。各項目について学校と博物館が入念に打ち合わせをしたうえで、活動に臨みます。

また、活動に関連したワークシートなどの補助教材を必要に応じて用意します。その教材についても、両者が相談し、単に正解を埋め込むだけの知識習得型ではなく、子どもたち自らが、気づき試行錯誤しながら考えを構成していけるような内容を十分に検討しましょう。

実例　美濃加茂市民ミュージアムの『活用の手引き・実践集』

美濃加茂市民ミュージアムの『活用の手引き・実践集』（図1）は毎年度末に刊行され、市内学校の全教員と関係者に配布されます。次年度の活動に向け、実践された「学習プログラム」（図2）、教員の「改善シート」、小学校卒業見込み者の「6年間振り返りアンケート」および追跡調査としての「20歳アンケート」の結果と分析などが収録されています。

図1　『活用の手引き・実践集』

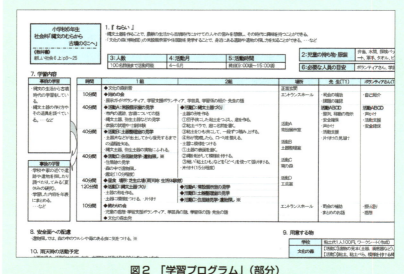

図2 「学習プログラム」(部分)

B. ねらいと内容

　子どもたちの博物館での学習活動に際しては、ねらいをしっかりと定めておく必要があります。学校と博物館の間で、それぞれ重視する事柄が違うことがあるかもしれませんが、お互い理解し合い、目的を共有しておきましょう。

　また、活動を授業のなかでどう活かすかという点も大切です。博物館での活動の前に学校で事前学習を行い、この活動がカリキュラム上のどのような位置にあるのかをはっきりさせておくことが効果的です。子どもたちに課題意識が生まれ、博物館を訪れることへのモチベーションが格段に上がります。また博物館での活動終了後、学校へ戻ってから事後学習や振り返りを必ず行うようにします。それを通して子どもたちの学習の深まりが確認できるでしょう。

C. 連携にかかわる人々

　活動には多くの人々がそれぞれの役割をもってかかわります。具体的には教員、博物館の学芸員、エデュケーター(教育担当者)、ボランティアなどです。それぞれ立場やかかわり方は多様ですが、ひとつのチームとして

目的をもち、協力して活動を支えます。

　教員は、該当単元の授業のなかで博物館での活動の位置づけを把握しています。博物館での学習といってもすべて任せてしまうのではなく、ねらいを達成するために発達段階に応じてフォローし、見守ることが大切です。教員の振る舞いは、子どもたちの学習意欲に直接影響を与えます。

　博物館の学芸員は、一方的に知識を伝えるだけではなく子どもたちの発達段階を理解し、自発的な発見や新たな興味が生まれるよう、そして子どもたち自身の意識の変化や行動の発展につながるよう工夫して活動にあたることが望まれます。

　エデュケーターは子どもへの対応にかかわると同時に全体の調整が仕事です。学校との窓口となり、日程調整、時間配分、活動計画案の作成、教材の研究、人員配置など活動時の前後を含めてすべてにかかわり、活動が円滑で効果のあるよう進めるコーディネーターの役割を果たさねばなりません。

　ボランティアは子どもたちを見守り、安全を確保するといった側面支援だけではなく、指導に直接かかわってもらうこともあります。ボランティアといっても指導の一角を担うわけですから、事前の研修や打ち合わせ、情報の共有は欠かせません。

実例　子どもの活動から考える

　ここでは、子どもたちの活動時の様子や感想などを紹介しながら、かかわる人々が心がけるべきことを考えてみましょう。

◆モノからの発見、気づきの時間を大切にする　[触発]

　モノや事柄とかかわるなかで驚きや発見があるというのは、博物館に特徴的なものです。「うわっ」「すごい」「えー」と、素直に子どもは驚きの声をあげます。

　そんな驚きや発見の後、改めてじっくりと資料や作品とかかわり、観察や鑑賞できる環境を確保することが求められます。補助教材やツールなども使った知識の習得も必要ですが、子どもたちがじかに実物資料と対面し五感を使って知的刺激や触発を受ける時間こそ大事で

す。実物資料がもつ力、それらが発する力は他に替えがたいものがあります。

◆多様な見方を大切にする　[多様]

「縄文のむらから古墳のくにへ」（小6社会科）の活動において、縄文土器と弥生土器を観察、比較しながらの子どもの会話です（**図**）。

縄文土器を見て「こっちのほうが飾り（模様、細工）が細かいから、むずかしい気がする。だからこっちが弥生かな」という意見と、弥生土器を見て「こっちのほうが薄くてツルツルしているから、技術がある気がする。だからこっちが弥生土器」という意見がありました。2人とも同じ「技術の進歩」という観点に立ち議論しています。教科書としての「正解」は後者ですが、前者の意見にも自分なりの根拠があるわけです。

まさに到達目標の明確でない博物館であるからこそ大事にしたいシーンです。資料を観察したうえで自分の考えを述べ、他者を尊重しながら多様な考えを交換します。ひとつの結論や正解を急がせることなく自由な議論が深まるようにしたいものです。

図　子どもの姿

◆過程を大切にする　[プロセス]

「古い道具と昔のくらし」（小3社会科）の授業を見学した保護者の感想です。

「･･･意外だったのは、炭火をおこすなど手間のかかる作業の過程に、子どもたちが目を生き生きとさせていたことだ。ああ、そうなのか。子どもには、この過程こそ必要なんだ。大人はすぐ結果を得ようとし、子どももまた、それに慣れてしまっている。何事にも過程があることを忘れてしまっているのだ、と気づかされた。･･･」（2006年10月13

日付・朝日新聞朝刊)

　博物館という場であっても、その授業や活動は時間内に終わらせなければなりません。終了までに子どもたちに一定の達成感を与えるために、まわりは子どもたちを助けてしまいがちです。しかし、うまくいかなくて苦労するなかで瞳を輝かせている子どもの姿を見守る姿勢が大切です。小さな失敗を含めたプロセスこそ博物館で体験させたいものです。この体験はいずれ心の糧になるはずです。

◆暮らしとかかわる　[総合]

　学校での学習はカリキュラムに基づき単元ごとに進められるのが基本です。それに比較して、博物館での学びは必ずしも一定の領域に縛られず、横断的なものです。その特徴を博物館は活かし、ひとつの事象を幅広い角度から総合的に捉えましょう。普段の生活とかかわりをもたせるような体験やきっかけを積極的に与えるようにしたいものです。好奇心と暮らしを結びつけるのは博物館の役割です。

　あるとき「流れる水のはたらき」(小5理科)の単元で、市内の河川を見学している途中、学芸員が川のほとりにある「水神」を見つけ、子どもたちも気にしている様子だったので、理科の教科とは直接関係はないものの、その碑の意味、川や水を敬う地域の人々の思いを説明したところ、子どもたちは熱心に耳を傾けました。子どもの関心を踏まえた、ちょっとした「道草」は、博物館としてはある程度は許されることだと思います。博物館的「隠れたカリキュラム」といえるのかもしれません。

D. 博物館が伝えるもの

　博物館は、モノを基本にした施設です。展示室は好奇心を深めることができるストーリー性のある知的空間です。美術作品が展示された展示室は外部から隔絶された空間で、そこに身を浸して観賞し、さまざまな思いを巡らす場所です。自明のこととはいえ、学校にはない空間です。子どもたちは、資料や作品から多くのことを感じますが、その展示の状況によってその受けとり方は大きく変わります。展示室を中心とした博物館という空間は、学校へのアウトリーチでは伝えられない大切な「場」なのです。

博物館は単にモノだけではなく、人がいて、人を媒介にして学ぶ場でもあります。博物館には調査研究に携わる学芸員がいます。また活動をさまざまな面でサポートするボランティアがいます。子どもたちはこのような人々に出会い、その存在自体から感じることが多くあるようです。それまでおそらく知ることのなかった「調査研究を職業としている人」がいるということ、ボランティアとしてすがすがしく活動している多くの人々がいることを知ります。学芸員が憧れの存在となって自らの進路を考えたり、ボランティアの姿を見て感動したり、子どもたちの職業観にも影響を与えています。人から学ぶ側面も博物館はもっているのです。

3.1.3 活動成果の把握と向上

A. 子どもの反応

　博物館の活動でどのような効果があったのか、またはなかったのかを知るには、まずは活動時の子どもたちの様子を丹念に観察することです。まわりの友だちと会話したり、つぶやいたりする子どもが多くいます。黙って思いを巡らしている子どももいます。思わず出た彼らの素直な感想に耳を傾け、態度を注意して見てみましょう。子どもの視点や興味関心がどこにあるかに気がつきます。そして、その内容を活動後に振り返り、記録化することが大切です。その記録は関係する人々で共有すると、次の活動に必ず反映されるという効果が期待できます。

　活動を終え、時間をおいてから、アンケート調査をすることも有効です。そこでは活動で印象に残っていること、驚いたこと、楽しかったこと、おもしろくなかったことなどを記述してもらうとよいでしょう。その声を「知識や技術の習得」「心や感性」「行動の広がりや発展」といった視点で注目して考察、分析していきます。「行動の広がり」としては、博物館での活動の後、新たな疑問や関心が生まれたことで改めて訪問する、他の博物館にも興味をもって見学する、活動で興味をもったことを夏休みの自由研究などを通してさらに深めようとする、博物館の資料を使った研究をはじめるなどがあげられます。活動をひとつのきっかけ、次への新たな好奇心の出発点と捉えるとよいと思います。

◆追跡調査

　美濃加茂市民ミュージアムでは、20歳になった子どもたちに対して、かつての活動の感想や現在の生活とのかかわりなどをアンケートで聞いています。何らかのかたちで影響を与えていれば、それはかつての活動のひとつの成果と捉えることができるわけです。

　博物館は本来、人の生涯のさまざまな場面で利用されるものです。子どものときの利用を通して博物館の魅力を知り、その後、幅を広げて暮らしの一部とし、気軽に使ってもらいたいものです。博物館のねらいは、学校利用の充実にとどまらず、それを契機として博物館や知的活動への理解と関心が深まり、文化やその地域を大事にする人を増やすことでもあるのです。

B. 教員の振り返り

　子どもたちの活動を教員に振り返ってもらうことも有効です。知識の習得や学力向上のみならず、博物館の特性を活かした学びに子どもたちが接することができたかどうかの手応えを聞いてみましょう。子どもたちの様子を見て「知識がついた」「理解が深められた」と同時に「五感を通した体験に生き生きしていた」「いろんなことに思いを馳せることができた」「よい結論に達しなかったがよい経験となった」などという教員の感想が多く語られてほしいものです。

　改めて「連携」という言葉について考えてみましょう。それは声高に叫ばれるべきものではなく、また、その言葉に振り回される必要もありません。子どもの発達段階や状況に応じた「よりよい利用状態」が、それぞれの博物館で独自に生まれればよいのです。学校と有機的に結ばれた博物館で活動する子どもたちには、生涯にわたり博物館を含めた知的空間を使い、そこから問題解決する力、社会で生きていく力が培われていくのです。子どもたちの一時的な満足感ではなく、子どもたちの将来を見据えた長期的な視点でかかわっていくことが必要です。

　前述のように、博物館での子どもの活動は、学校と博物館両者による活動計画案がそのベースになります。また、手順や時間配分も決めておかなければなりません。しかし、あまり綿密に活動の計画をつくりこむと逆効果となる場合もあります。子どもたちの柔軟で自由な発想と行動につなが

るよう、いい意味で少し「遊び」がほしいものです。そのためには、連携する博物館こそが、型にはまらない、しなやかで自由な体制であることが大事です。

〈引用文献〉
1) 博物館の教育機能に関する調査研究報告書：丹青研究所（2011）

〈参考文献〉
1) 寺島洋子，大髙幸 編著：博物館教育論，放送大学教育振興会（2012）
2) 可児光生，博物館研究，**49**(12)，日本博物館協会（2014）

3.2 研究のための連携

近年、博物館をとりまく環境は大きく変化しています。そのなかで博物館の存在意義を高めるためにも、研究活動は重要性を増しています。そして、より充実した研究を行うためには自館内だけではなく、他の博物館などと連携することが必要になります。一方で、研究といっても博物館ごとに状況が大きく異なるため、とりくみ方はさまざまです。また、博物館としてだけではなく、研究は個人からなり、連携は個々の関係性によるところも多くあります。そこで、国立アイヌ民族博物館のとりくみを例として、どのような研究のための連携が行われているのかを紹介します。

3.2.1 博物館の現在

現在の社会情勢の変化に沿って、博物館の役割そのものがますます多様化しています。こうした流れは、博物館の基本概念に変化を促しています。フォーラムとしてのミュージアムが定着するにしたがい、今日の博物館はプラットフォーム化しているといえ、展示や研究、そして教育を行う際に、博物館スタッフのみで企画、実施するのではなく、他の博物館、研究機関、そして多様な文化的背景をもつ個人やコミュニティと連携して調査研究にとりくむ必要性が高まっているからです。

したがって、ときとして緊張をはらむ研究や展示において、成果だけではなく、誰と何をどのように進め、そしてどのような成果を出すのかといったプロセスの重要性が増しています。このため、プロセスを公開する、あるいは公開できるようにすることも博物館にとっては大きな使命になることが考えられます。

そして、博物館活動のプロセスの重要性が増し、当事者とそのコミュニティの参画や連携が進むにつれて、博物館の学芸員、研究員がいかなる立場で、何を担うのかがより重要になります。その際、基盤となるのが博物館の基本機能のひとつである研究活動であるといえます。

> **実例**　**国立アイヌ民族博物館**
>
> 2020年（令和2年）に北海道白老町のポロト湖畔に開業した民族共生象徴空間（愛称ウポポイ）の主要施設のひとつとして、国立アイヌ民族博物館（**図**）は開館しました。ウポポイは、明治以降の同化政策によって生じた伝承者の減少や、存立の危機にあるとされるアイヌ語や伝統工芸などのアイヌ文化の復興・創造等の拠点となるナショナルセンターとして、博物館のほか、国立民族共生公園や慰霊施設などから構成されています。日本の先住民族であるアイヌ民族に特化した国立博物館として、日本国内では類例のない博物館といえます。
>
> こうした博物館の誕生は、「先住民族の尊厳を尊重し、差別のない多様で豊かな文化をもつ活力ある社会」を築くことなど、さまざまな使命を背負っています。それらの使命を達成するために、博物館にできることだけではなく、広く協力し、広域の連携を構築することも重要になります。

図　国立アイヌ民族博物館の基本展示室

3.2.2 博物館の連携

博物館の学芸員や研究員にとって研究成果を論文によって発信することも大切ですが、来館者に向けた発信を考えると、展示はより重要な意義をもちます。その際、ある展示資料をめぐって、展示の是非や意義、そして展示した際に起こりうる問題点についても議論することは、博物館どうしだからこそできる連携です。国立アイヌ民族博物館であれば、アイヌ資料を収蔵している博物館と連携することによって、現在のアイヌ民族に関する社会情勢なども課題になります。このような問題を扱う際は、ひとつの博物館の経験だけによるのではなく、さまざまな博物館の経験や考え方を踏まえた研究活動がより有効になります。

国立アイヌ民族博物館では調査研究プロジェクトの制度を設け、館内、館外の研究員などと共同して研究を推進しています。この一環として2021年度から2023年度まで実施した研究プロジェクト「近現代アイヌ民族史（誌）と博物館展示をめぐる実証的研究」（2021A06）に参加しました。

　本プロジェクトには他の博物館や大学の研究者も参加し、研究会や、他の博物館等における資料調査を実施しました。研究会では各自の研究テーマの発表を行い、それについて議論が交わされましたが、主に近現代のアイヌ民族史、なかでも表象を研究課題にしたため、博物館の収蔵資料や展示そのものも研究テーマになりました。その一例を紹介します。

実例　特別展示「"アウタリオピッタ"アイヌ文学の近代 −バチラー八重子、違星北斗、森竹竹市−」（2023年度国立アイヌ民族博物館）

　本展（図）の開催に先立ち、研究会で企画について議論が交わされ、展示の構成や展示に必要と考えられる資料の所蔵館などについても広く話し合われました。また、本展では「個人」を大きくとり上げることになるので、その是非や、そこで起こる可能性のある問題なども議論しました。

　さらに、すでに本プロジェクトで他館の資料について調査や研究を行っていたこともあり、そのような知見を活かしな

図　特別展示のチラシ

がら展示を企画しました。例えば、本展でとり上げたバチラー八重子は、関連資料が故郷の北海道伊達市にあるだて歴史文化ミュージアムに収蔵されています。この資料について、伊達市の学芸員の協力を得て、当館や他の博物館の資料とも照合しながら調査をしました。そして展示は、調査成果をパネルなどで示しながら、アイヌ民具と文書、写真資料をもとに構成しました。展覧会終了後には、研究結果を論文にまとめましたが、研究活動は継続して行っています。

3.2.3 研究機関との連携

　他の研究機関の研究者と連携することも推進されています。国立アイヌ民族博物館では、北海道大学アイヌ・先住民研究センターや室蘭工業大学といった、アイヌ民族に関する研究という目的を同じくする大学や、地域的なつながりをもつ大学と連携協定を結び、研究事業を進めています。他の機関と連携することによって、博物館にはない分野の研究や、異なる視点からの知見を得ることができます。

　また、研究活動のためには外部資金を利用することも重要です。国立アイヌ民族博物館では2023年度に研究機関指定を受け、競争的資金の獲得が急務となっています。その背景には、他機関と連携して行う大規模な研究や、自館の研究課題のみではなく研究者、学芸員の自由な発想に基づく研究は、多額の経費がかかるからです。この状況は大学などの研究機関の現状と共通しているといえます。

実例　科学研究費助成事業の研究プロジェクト「国公立博物館における先住民の権利実現の可能性と課題―アイヌとマオリの比較研究」

　2020年から2024年まで研究協力者として、科学研究費助成事業(科研費)の研究プロジェクト「国公立博物館における先住民の権利実現の可能性と課題―アイヌとマオリの比較研究」(20K20746)に参加しました。これには国際人権法や人類学をはじめとする多岐にわたる専門性をもった研究者と協力し、多角的視点で先住民族と博物館の関係について研究を行いました。そのなかで国外の事例として、ニュージーランドの先住民族であるマオリと博物館の関係性について調査を行いました。

　日本でアイヌ文化を扱っている博物館は北海道を中心に多くありますが、アイヌ民族とその文化を主たるテーマにした博物館は多くありません。そのため、このような研究を行うのは、先住民族と博物館の関係に関する先行事例や研究蓄積が多くある国や地域を対象に調査・研究し、そこで抱えている課題や問題について広く議論することで、

将来的に日本の博物館にフィードバックすることをめざしているからです。

　研究プロジェクトでは、ニュージーランドの博物館を訪問し、スタッフへのインタビューや博物館内で行われているマオリ語のレッスンに参加するなどしました。終了後には、北海道大学アイヌ・先住民研究センターと国立アイヌ民族博物館の共催で、ニュージーランド国立博物館テパパ・トンガレワについて、テパパのキュレーターにもメッセージをもらいながら、シンポジウムを開催しました（**図**）。

図　シンポジウムの様子

　ここで重要なのは、この研究は博物館の資料についての研究だけではなく、博物館のあり方そのものを問い、進むべき方向性を模索することを主要なテーマとしていることです。このような研究が成立するのは、博物館そのものが社会課題となり、あるいは社会課題を解決するための機関になっているからだといえます。2019年のICOM京都大会で議論された新博物館定義案では「博物館は、過去と未来についての批判的な対話のための、民主化を促し、包摂的で、様々な声に耳を傾ける空間である」ことや、「多様な共同体と手を携えて収集、保管、研究、解説、展示の活動、ならびに世界についての理解を高めるための活動を行う」とされました。この案は採択延期となりましたが、こうした案は、博物館に問われる問題を表しているといえます。

3.2.4　当事者、地域との連携

　博物館の多くは所在する地域の文化財をとり扱うため、地域との連携は欠かせません。国、都道府県、市町村、私立など博物館の規模に応じて枠組みは変わりますが、地域に根ざしていることは変わりません。文化を担ってきた「当事者」と関係性を築き、ともに地域文化を創造していくことが博物館には求められています。このことは、博物館は誰のためのものかと

いう命題にもつながります。

　また、こうした地域との連携には、地理的空間として博物館が所在する、あるいは隣接する地域のほかに、特に国立アイヌ民族博物館のように民族集団に関するテーマを掲げている場合は、地理的空間を超えて、アイデンティティーと当事者性に基づいた連携を行うことがあります。そうしたケースも広義における地域との連携として考えられます。そして、連携の相手は研究者、学芸員に限りません。住民やアーティスト、子どもや高齢者などさまざまな属性の相手が考えられます。研究の目的や手法、成果の出し方も一様ではないため、既存の枠組みに捉われずに考え、博物館としてもそうした連携を活動に位置づける必要があります。

実例　国立アイヌ民族博物館が所在する白老についての調査研究

　（1）白老にはもともとアイヌ民族が中心になって運営してきた旧アイヌ民族博物館がありました。そこでは展示施設としての博物館のほか、復元した家屋の中や外でアイヌ民族に伝わる古式舞踊を上演していました。また、施設のまわりには地元の白老の人たちが営む土産物店が立ち並び、そこでは木彫り熊を実演販売している風景などがありました。そのような地域におけるアイヌ文化のあり方やかかわり方が、国立の施設に変わることによってどのように変化したのかを調査するため、白老にルーツをもつ博物館のスタッフに継続してインタビューを行っています。また、町内で親の代から木彫り業や土産物店を営み、現在も木彫り熊を制作している木彫家の協力を得て、木彫りの作業風景（**図**）や、暮らしの変化などについてインタビューし、地域の記憶として映像で記録しています。

図　木彫り熊の制作の記録風景

　記録は、地域にとって博物館がいかなる存在であるかを調査するためであると同時に、来館者に対して博物館の来歴を伝えることによっ

て、博物館や地域について深く知ってもらうことなどを目的にしています。そして、映像作品づくりそのものが研究手法のひとつであるといえます。映像は研究成果として発表（「歴博映像フォーラム15　映画とアイヌ文化」、2021年、国立歴史民俗博物館）するとともに、国立アイヌ民族博物館の展示にも活用しています。

（2）白老に住む高齢者の話を聞く「エカシ・フッチのお話し pewre utar nu yan（アイヌ語で「若者たち聞いてください」）」というイベントを開催しています。貴重な経験をもつ高齢者の個人史を聞きとるだけではなく、広く伝え、残すことを目的とした活動です。参加メンバーはアイヌ民族や和人などのルーツをもち、職業や年齢も異なりますが、白老の出身者や居住経験者で、地域に関心や思い入れがあるという共通項をもっています。

聞きとりの対象者にはイベントの前に事前の聞きとり調査をしますが、属性の異なるメンバーが集まり、対象者との関係性も異なるため、聞きとりの内容が予期せぬ方向に進むこともあります。しかし、地域を軸にかかわりのある人が集まり、その視点によって個人史をまとめていくことは、学術的な視点のみではない地域社会のニーズに沿った地域史につながっていく可能性があります。他の博物館や研究機関との連携とは性質を大きく異にしますが、博物館がどのような視点で、どのように、何を研究するのかを問ううえで、地域、当事者との連携は非常に重要な意味をもちます。

〈参考文献〉

1) 国立アイヌ民族博物館：ウアイヌコロ コタン アカㇻ ウポポイのことばと歴史（立石信一，佐々木史郎，田村将人 編），国書刊行会（2023）
2) 広瀬浩二郎：ユニバーサル・ミュージアムへのいざない―思考と実践のフィールドから，三元社（2023）
3) 村田麻里子：増補新装版　思想としてのミュージアム―ものと空間のメディア論，人文書院（2024）

3.3 アウトリーチ
―博物館と地域をつなぐ 連携の視点から

　博物館における教育活動を考えるうえで、アウトリーチの活動は欠かすことができません。博物館は、展示室をはじめ、収蔵庫や研究施設などさまざまな機能を有する拠点となる建物を有しています。必然的に、各館が立地する（所在する）場所における活動が主要となってきます。しかし、博物館が存在するメリットや意義は、博物館所在地の周辺以外の人々も実感できる必要があります。

　本節では、博物館が行うアウトリーチについて、まずその位置づけを示すとともに、実際に行われている活動について概要を述べていきます。さらに、従来から行われてきた館外活動としての狭義のアウトリーチに加えて、博物館と地域をつなぐ連携という視点から、事例を2つ紹介します。最後に、アウトリーチが有する現状の課題と、これからの展望について概説していきます。

3.3.1 アウトリーチとは

　アウトリーチという言葉は、もとは社会福祉の分野において、潜在的な利用者の要望を把握し、手を差し伸べて実現するとりくみのことをさしていました。それを出発点とし、博物館の分野では次のように定義されています[1]。

> 館外で学習機会を提供するための教育プログラムで、とくに年齢や就学状況、身体的・地理的条件など、何らかの理由で来館や学習の機会に恵まれない人々に有効である

　この定義に基づいた主な類型としては、次の3つがあげられます。

> A. 移動展示型　博物館資料を学校や地域の公共文化施設で展示します。移動博物館など
> B. 講師派遣型　テーマに基づいて学芸員や専門家を講師として派遣します。出張授業・出前講座やワークショップなど
> C. 教材貸出型　標本や、それに指導案や資料集を加えてパッケージ化されたキットなどの教材を貸し出します。

A. 移動展示型

　移動展示型は、館外で行われる展示活動で、移動展や移動博物館と呼ばれます。その目的の多くは、社会教育施設として博物館の遠隔地において展示活動を行うことにあります。展示場所は、地域の公民館やコミュニティセンターなどの公共文化施設のほか、学校の教室や体育館を活用する場合もあります。また、移動先で展示スペースを用意するだけではなく、兵庫県立人と自然の博物館のように、専用の展示装置を備えた輸送車両を導入している事例もあります。博物館の展示室での展示活動と同じく、企画から設営まで主催者である博物館側が実施します。

　この類型はさらに2つに大別されます。

> ・特別展や企画展を移動展示として展開するもの
> ・主催館の所蔵資料によって構成される常設展示室の要素を開催地に合わせて展開するもの

　いずれも立地場所から地理的に遠い地域において博物館の存在を知らせるとともに、実施する地域における文化振興にも貢献することができるのです。

B. 講師派遣型

　講師派遣型は、出張授業や出張講演、出前講座と呼ばれるもので、学芸員や専門家が依頼先へ出向き、設定されたテーマについて講義を行う教育活動です。講師派遣型は、美術館をはじめとする公共文化施設を中心に、1990年代後半以降に全国的に広まり、現在では各地で定着したとされています[2]。さらに、学校に対するとりくみとしては、2002年（平成14年）の「総合的な学習の時間」の導入により、講師派遣の依頼が増加しました[1]。

理科や社会、国語などの他教科にも広がりを見せており、博物館の活用が多様化しているといえるでしょう。この類型では、学芸員が講義の教材として博物館資料を持参する場合と、そうではない場合があります。

また、講師派遣型は博物館の役割や活用方法に関するガイダンスを行う場としても有効であり、企業の従業員や教員を対象とした研修の一環として、学芸員や館長が出向いて紹介する事例もあります[3]。

C. 教材貸出型

教材貸出型は、展示に対する理解促進や、博物館資料を通じた学習支援を目的として、収蔵資料とは別に教育用として用意した博物館資料を貸し出すものです。博物館資料のみで提供される場合と、教育用に開発されたワークシートや関連情報を加えた資料集なども含めてパッケージ化したものを提供する場合があります。その形態はさまざまですが、歴史博物館では民具、自然史博物館では動植物や化石・鉱物などの標本を貸し出す事例が多く見受けられます[1]。実物の美術作品を貸し出すことが難しい美術館では、作品の素材をさわることができるキットや、作品鑑賞を補助するカード類を作成し提供しています。

こうした教材貸出型は、博物館の人的資源を割かずに幅広い地域において博物館資料を活用することができます。しかし実施にあたっては資料に関する専門家以外が使用する場合が多いので、資料を十分に活かしてもらえるよう添付資料を充実させることが大切です。また、資料保存の観点から、頻繁な輸送に耐え得ることも、教材化にあたって考慮すべき項目といえるでしょう。

このようにさまざまなかたちでの館外の教育活動が行われるのは、博物館法第一条にもあるように、日本の博物館は社会教育施設としても位置づけられているからです。特に公立博物館である場合は、博物館が所在する地域以外に対するサービスや、公共財としての役割を意識する必要があります。

3.3.2 博物館体験

　アウトリーチを連携という視点から捉える前に「博物館体験 museum experience」という教育観について、説明を加えたいと思います。博物館体験は、博物館で起こるすべての体験のことをさし、それを読み解く方法として、ジョン・フォークとリン・ディアーキングの2人によって「ふれあい体験モデル Interactive Experience Model」*という方法が提唱されました[4]。それによると、博物館における学習は、物理的コンテキスト（建物の構造や展示など）・個人的コンテキスト（各人の経験や価値観など）・社会的コンテキスト（同行者や博物館スタッフとのかかわりなど）という3つのコンテキスト（要素）が相関して成立するものです。これは、展示室や博物館内での教育活動においてだけではなく、前述したような館外活動においても意識する必要があります。アウトリーチを連携という視点から捉えるときには、かかわる主体や場が変化するため、各コンテキストに複雑な影響を及ぼすことが考えられます。

　博物館における学習の特質のひとつとして「新しい世界の見方（＝世界観）を発見する」ということがあげられます。これは、博物館での体験が、利用者の価値観の一部を構成し、彼らが博物館を後にしたその先の未来にも何らかの影響を与え続けることを意味しています[5]。

　この博物館体験という概念は、博物館全体を学習の場と捉えることで、展示や教育活動に限定されない、より多様な学びを創出することを志向するものです。これは、館外活動という狭義のアウトリーチではなく、利用者の潜在的要求を掘り起こし実現するという、元来の意味に近いアウトリーチのあり方に通じます。よりよい博物館体験を人々に提供するためには、博物館の活動を館外へ展開するだけではなく、博物館が有する役割についての理解を促進することも、潜在的な利用者を掘り起こすことにつながるのです。

＊1.4.3項（p.34）では Interactive Experience Model を「相互作用による体験モデル」としています。「ふれあい」という言葉が情緒的・感覚的な印象を与えること、またフォークとディアーキングのモデルは直接的・間接的な影響の両方を含意していることから、「ふれあい」という語が適切ではないと判断したためです。一方、本節では、そうした点を踏まえながらも、訳書の用語をそのまま使っています。本書では、それぞれの執筆者の意図を尊重して、一方の訳語に統一せずに両方の訳語を併用しています（編者註）。

3.3.3 博物館と地域をつなぐ視点

　ここからは前述のような館外活動としての狭義のアウトリーチではなく、博物館と地域をつなぐという連携の視点からアウトリーチを捉えます。これには2つの理由があります。一つ目は、アウトリーチが形骸化するのではないかと危惧される点です。手法としてのアウトリーチは全国的にも定着していますが、一方で、後述するように手法のみが先行した形式的なものに陥る危険性も有しています[2]。そうした状況下では、アウトリーチを行う目的や意義を再考する必要があるでしょう。

　二つ目は、博物館が担う社会的役割への理解促進が必要であるという点です。博物館の収集保存や調査研究といった活動は、展示や教育活動に比較すると、人々の日常生活のなかでは接する機会がほとんどなく、そのため博物館の役割や仕事については漠然としたイメージを有しているにすぎません。より博物館を活用してもらうには、博物館活動全体に対する認識や理解を深める機会を、意識的にもつ必要があります。このような観点に基づくアウトリーチは、短期的には成果が現れにくいものですが、博物館のよき理解者や支持者を育てる効果が期待できます。

　アウトリーチ事例として、地域と協働して調査から展示まで行った活動と、デジタル空間でより幅広くアプローチする活動を紹介します。

実例　地域と協働して広げる博物館の輪「移動展示」

　三重県総合博物館（以下，当館）は、2014年（平成26年）4月、三重県津市に開館した「ともに考え、活動し、成長する博物館」を活動理念とする総合博物館です。「MieMu」という愛称で親しまれています。

　三重県は南北約170kmと細長い県土を有しています。当館が立地する県庁所在地の津市は、そのほぼ中央に位置しています。そのため、遠方にお住いの方にも三重の豊かな自然や歴史・文化にふれていただく機会をつくることを目的に、県内各地で移動展示を開催しています。開館以降、尾鷲市（2015年度）、志摩市（2016年度）、御浜町（2017年度）、紀北町（2018年度）、多気町（2021年度）、伊賀市（2023年

度）と、6会場で約4,000人の方にご来場いただきました[6]。

　当館の移動展示の特徴は、開催地域の方々との参加型調査を事前に行い、その成果を当館の収蔵資料とともに展示する点です。2021年度に開催した多気町からは、このとりくみをより充実させるために、調査年度と展示開催年度と2か年計画に変更しました。参加型調査では、開催地域内の小中学校と連携して、児童生徒に各家庭の正月飾りやお雑煮を調査カードに記録してもらったり、海岸の岩石や身近な生き物を学芸員といっしょに調べたりと、各地域に合わせて三重の自然と歴史・文化の多様性を感じてもらえるように工夫しています（図1、図2）。

図1　紀北中学校生徒による展示「再発見♡紀北」（紀北町2018年度）

図2　市内小学生によるお雑煮調査の成果報告展示（伊賀市2023年度）

　当館で開催する企画展は、津市内や近隣地域からの来館が多い傾向ですが、移動展示では開催地域からの来場がいずれも70％を超えます。高齢者も多く、遠方から津市にある当館まで出かけるのが難しい方でも、お住いの近くであれば気軽に来場していただけることがうかがえます。また、子どもたちがかかわった調査結果を見に、家族そろって来場される姿も見かけます。学校を通じて調査に参加した子どもたちはもちろん、その子どもたちを通じて保護者など大人の方にとっても、自分が暮らす地域への興味関心を喚起するきっかけとなっていると考えられます。また、まだ来館したことのない方たちが多い地域へ博物館の展示を届けることは、当館の認知度向上にもつながります。

3.3　アウトリーチ―博物館と地域をつなぐ　連携の視点から　　147

実例　離れていてもいつでもつながる「MieMu＠ほーむ」

　つづいてオンラインでのとりくみを紹介します。2019年末からの新型コロナウイルス感染症の流行により、全国で多くの博物館が臨時休館せざるを得ない状況が起きました。当館も同様に臨時休館することになり、それまで行ってきた活動の見直しを迫られました。それ以前の活動は、利用者が博物館に来館する、もしくは移動展示や出前講座のように私たちが地域へ出かけていくという、いずれも現実の場を前提とした方法でした。しかし、その方法が通用しない状況が長期化することが見込まれるなかでも、博物館と利用者をつなぐ方法としてはじめたのが、公式ホームページ上に開設した「MieMu＠ほーむ」です。

　「MieMu＠ほーむ」は、2020年（令和2年）2月29日から3月31日まで臨時休館した際に、学習コンテンツをまとめて作成したページです[7]。当初は期間限定の予定でしたが、事態の長期化により継続し、現在でもアウトリーチプログラムの一環として運用しています。当初は少なかったコンテンツ数も徐々に増え、2024年8月現在では、以下の9種類のメニュー（基本展示室展示ガイド、ぬってみよう！、作ってみよう！、学芸員の紹介、MieMuのモビールを見てみよう！、MieMuの刊行物、MieMuのクイズ、お伊勢参り道中すごろく、スペシャル動画コーナー）を用意しています。

　通常どおり開館できるようになってからは、遠方の方や外出が難しい方などを想定して、離れていても当館を楽しめるようにと、YouTubeを中心に更新しています[8]。企画展の会場の様子を見られる動画のほか、所蔵する浮世絵から県内の名所について解説する動画（図1）を追加しています。また、県内の市町や博物館と連携して制作した「お伊勢参り道中すごろく」（図2）[9]は貸出教材としても利用可能です。オンラインのとりくみは、地理的な障壁を容易に超えることができ、三重県内に限らずさまざまな地域から当館の情報へアクセスすることが可能です。「MieMu＠ほーむ」と同様のとりくみは全国各地の博物館でも見られ、北海道博物館の発案によりはじまった連携活動「おうちミュージアム」では、多様な博物館のオンラインコンテンツを興味関

心に応じて横断的に見ることができます[10]。

図1　当館蔵の浮世絵から三重の名所を紹介した動画「浮世絵からさぐる三重の名所　二見浦」

図2　県内市町と連携して制作した「お伊勢参り道中すごろく」

3.3.4 これからのアウトリーチにおける課題と展望

　文化施設に関する調査研究を行う財団法人地域創造では、劇場や美術館で行われるアウトリーチを4つのアプローチに分類して、それぞれの目的や効果について整理しています（**表3.1**）。

表3.1　アウトリーチの類型（地域創造（2010）より作成）

	劇場・ホール内での鑑賞・体験サポート	派遣型アウトリーチ①（単発・集中型）	派遣型アウトリーチ②（継続・長期型）	連携・協働型アウトリーチ（文化以外の政策分野と連携して企画・実施）
目的	・子どもたちや高齢者、障がい者、社会的弱者等の劇場やホールにおける鑑賞活動の促進	・文化・芸術にふれる機会の少ない、あるいは困難な住民や地域に対して、文化・芸術を体験する機会の提供	・文化・芸術を教育や福祉現場の日常的な活動として位置づけ	・文化・芸術をとおした地域の課題教育、福祉等）へのとりくみ
戦略	・学校におけるアウトリーチ活動と劇場・ホールでの鑑賞事業を連携したプログラムの開発 ・ハード・ソフト両面からのバリアフリー化、スタッフの「心のバリアフリー」の実現	・アーティストを学校や福祉施設などに派遣し、ワークショップやミニコンサートなどを実施	・アウトリーチを長期的、継続的なプログラムとして展開	・教育や福祉など、文化以外の政策領域、施設や団体との協働プログラムの展開
効果	・文化施設の利用者拡大、サービスの向上 ・すべての人に開かれた公立文化施設の実現	・非日常的な体験による自己や他者の再発見、日常生活の変化 ・文化施設の受益者の拡大、支持者(サイレントパトロン)の形成	・教育や福祉における固定概念や既存施策の枠組みの変化 ・教育や福祉における人々の見方や価値観の変化	・感動を他者と分かち合える学習機会の提供 ・子どもたちのコミュニケーション能力等の育成 ・非日常性や違いを個性として認め合う社会の実現

これらのことを踏まえ、アウトリーチの課題である手法先行による形骸化と他分野との連携への対策をあげておきます。

A. 手法先行による形骸化への対策
　3.3.1項（p.143）であげた3つの類型から見ても、博物館で行われてきたアウトリーチは、まず実施手法の確立をめざしてきました。各地で活動が行われ、それはある程度達成しているといえますが、かえってかたちにとらわれてしまうことも少なくありません。

　アウトリーチを実施する際には、その活動が館外で行われるかにかかわらず、目的や効果を明確にし、実施メンバーや連携先のスタッフと共有しておくことが有効でしょう。また、アウトリーチの実施にあたっては、学芸員をはじめとして博物館が有するさまざまな経営資源が投入されるので、事業の位置づけを明らかにしておくことは、実施後に目的の達成度の評価や、プログラムの改善を行う際にも有意義です。

B. 他分野との連携
　それぞれの事業や利用者の特性について、相互理解を図ることが重要です。地域社会における主体として各自の違いを認め特性を活かすことで、どちらかに偏るのではなく、人づくりや地域づくりをともに進めていく可能性があります。そのためには、まずは博物館の社会的な役割に対する理解を深め、博物館が有する資源を他分野でどのように活用することができるのかを、積極的に提示していくことが必要だと考えられます。

〈引用文献・Web サイト〉
1) 全日本博物館学会：博物館学事典，雄山閣（2011）
2) 地域創造：文化・芸術による地域政策に関する調査研究報告書 新［アウトリーチのすすめ］（2010）
3) 三重県環境生活部新博物館整備プロジェクトチーム：新県立博物館の活動と運営 vol.5 中間報告（2013）
4) Falk, J. H. & Dierking, L. D.：博物館体験—学芸員のための視点—（高橋順一 訳），雄山閣（1996）
5) 牧野篤：生涯学習・社会教育学研究（東京大学大学院教育学研究科生涯教育計画講座社会教育学研究室 編），**33**，1-12（2009）

6) 会場の開催状況は各年度の「三重県総合博物館　年報」を参照：
　　三重県総合博物館（2018）三重県総合博物館　年報　通巻2号（平成27年度）
　　三重県総合博物館（2018）三重県総合博物館　年報　通巻3号（平成28年度）
　　三重県総合博物館（2019）三重県総合博物館　年報　通巻4号（平成29年度）
　　三重県総合博物館（2020）三重県総合博物館　年報　通巻5号（平成30年度）
　　三重県総合博物館（2022）三重県総合博物館　年報　通巻8号（令和3年度）

7) 三重県総合博物館ホームページ「MieMu＠ほーむ」：
　　https://www.bunka.pref.mie.lg.jp/MieMu/000236236.htm

8) 三重県総合博物館　YouTube チャンネル：
　　https://www.youtube.com/@MieMu

9) みえむプロジェクト実行委員会：地域をつなぐ伊勢参り再発見プロジェクト　活動の記録（令和3年度地域と協働した博物館創造活動支援事業）（2022）

10) 北海道博物館ホームページ「おうちミュージアム」参加館一覧：
　　https://www.hm.pref.hokkaido.lg.jp/ouchi-museum-list/

第 4 章

博物館に
かかわる人材

名古屋大学博物館学生運営スタッフ団体MusaForum（ムーサフォルム）によるイベント

キーワード

ボランティア
エデュケーター
サイエンス・コミュニケーター
アート・コミュニケーター
博物館実習

4.1 ボランティア

　博物館教育の現場では、学芸員だけではなく、さまざまな立場で博物館活動に参加している人たちがかかわることが増えています。なかでもボランティアは、多くの博物館で活動実績の積み重ねがあり、いまや博物館にとって欠くことのできない存在といえます。ここでは、そうしたボランティアの博物館活動へのかかわりの意義と留意すべき点について述べます。

4.1.1　ボランティアとは

　最近は全国各地の博物館において市民ボランティアを導入するところが増えてきています。市民の学びや交流の場としての博物館のなかで、それらの活動を市民の立場や視線でサポートし、より深く広がりのある学びの発展につなげ、対話やコミュニケーションが活発になっていくための重要な役割を果たしています。そのような目的で活動する人々を「サポーター」「パートナー」という名で呼んでいる例もあります。この節では、博物館活動のさまざまな場面で自発的な意思で参加参画し社会的な貢献をしている人々のことを「ボランティア」と総称します。活動の仕方はグループや会が組織される場合や個人として博物館が依頼する場合などさまざまです。またボランティアという言葉が示すとおり、活動は「無報酬」を原則としますが、交通費や食費などの実費を博物館が負担する例もあります。

4.1.2　博物館教育とボランティア

　博物館教育の観点でボランティアが多くかかわるのは、展示室での観覧者の学びの支援という場面でしょう。このことは博物館として学芸員やエデュケーターと呼ばれる教育普及担当などが行うのが基本ですが、ボランティアが行うということの意味は、ボランティアが観覧者と同様、市民であるということです。どちらも共通の市民感覚があり、そこで起きる対話

も普段着の感覚で進められるからです。もうひとつあげられるのは、教育スタッフがもちえないボランティアの豊富な人生経験と知識そして独自な発想でしょう。観覧者の深く広がりのある学びにボランティアの存在は欠かせないものなのです。

　名古屋市美術館では、常設展示においてボランティアによる一般対象向けの対話形式のガイドツアーを開館日の毎日、午前と午後に約1時間行っています。また特別展においても随時実施しています。ボランティア登録者数は58名（2023年度末現在）で、論文や面接を通して選考されます。約半年間の研修を受講し、実践的な実技訓練を受けてトークに臨みます。ボランティアは、その他学校来館時の見学や子ども向けプログラムのサポートも行っています。

　美濃加茂市民ミュージアムでは、学校の団体利用に際して学習ボランティアが活動しています（図4.1）。子どもたちに対して自身の経験を活かした展示品の解説や関心喚起を行うほか、子どもたちのつぶやきへの反応やモチベーションを高めることなどを行っています。学芸員やエデュケーター、担当教員とは違う独自な立場で子どもたちに接しているのです。子どもたちとしては無償で働くボランティアという存在に大きな感化を受け、人々や社会の貢献のために清々しく働くボランティアの姿が印象に残っているようです。博物館はモノから学ぶ場であると同時に、ヒトから学ぶ場でもあるのです。

図4.1　活動にかかわる人々

来館者に対するボランティアとしての位置づけや役割とは別に、ボランティア自身が満足感を得、自己が成長する場としての生涯学習の観点も忘れてはいけません。ボランティア活動を通して自己学習が積まれ、また来館者との交流などを通してより広い視野を身につけることができるようになります。また、ボランティアは博物館のコアな利用者でもあり、かつ強力な支援者でもあって、その活動を通して博物館利用が広く市民に浸透していくという側面もあります。

4.1.3　ボランティア活動を進めるために

　ボランティアの活動にあたって配慮する点をあげておきましょう。まずボランティア自身は、時に自分の経験や思い込みなどによって、活動が自分中心とならないようにすることです。責任感をもち、日頃から来館者のためという原則を確認しながら謙虚に活動することが大切です。活動の場となる博物館としては、まずボランティアを博物館の人手不足を補うという安易な目的で導入しないことです。ボランティアとは、博物館のスタッフでは対応できない独自な存在であり、プラスアルファの力なのです。それを明確にし、役割分担を含めてそのあり方を関係者と共有しなければなりません。海外では、教育普及活動はあくまでも博物館が直接タッチするもので、学びの質の確保という観点からボランティアのような市民を介在させることに違和感をもつところもあります。日本国内でも展示品の解説は学芸員とエデュケーターが主となって行い、ボランティアを導入しないところもあり、ボランティアに対するとりくみはさまざまです。

　博物館には、それぞれでボランティアに対する考え方や方針を定め、明瞭な理念をもって運営を進めていくことが望まれるのです。

4.2 エデュケーター

　エデュケーターとは、博物館教育の担い手の中心です。日本の博物館では、専門のエデュケーターがいるところはまだ多くはありません。しかし、博物館に教育機関としての役割が強く求められる現在の状況からいえば、博物館教育を専門的に担うエデュケーターは、間違いなく不可欠な存在になるはずです。

　エデュケーターに近いものとして、ファシリテーターも注目されますが、ここではエデュケーターを中心に述べていきます。

4.2.1 博物館教育の担い手としてのエデュケーター

　博物館での観覧者や利用者の気づきや学びをサポートするのがエデュケーターです。美術館や理工系の博物館では、4.3節でとり上げられるサイエンス・コミュニケーターやアート・コミュニケーターなどとともに、博物館と来館者、そして来館者どうしの交流を促し、コミュニケーションの円滑化を図るという点で、ファシリテーター（2.3.1項（p.111）参照）としての役割も期待されます。来館者それぞれの思いや考えが表現され相互交流が活発となるような自由な雰囲気をつくること、多様な発言を整理してまとめてサポートしていくことが求められます。

　最近は大学で博物館教育の専門的教育を受けたり、研修などでその知見を習得したりしたスタッフが専任で配置されたりすることも増えてきました。しかしながら、多くは博物館のスタッフである学芸員が担当業務の一部として行う場合や、地域の学校教員が博物館に異動し教育普及部門を担当するということも多く見受けられます。博物館の重要な機能である分野でありながら、日本ではそれを担うエデュケーターに対する認知度は低く、その存在はあまり知られていないのが現状です。国家資格や公的に位置づけられた役職でもなく、その体制は極めて不十分です。ドイツでは大学で専門の美術や教育学などを習得したフリーランスのエデュケーターが多く

存在し、所属する組織から必要に応じて派遣されるというシステムもあり、小規模な博物館でも良好な教育プログラムが提供できています。

4.2.2 エデュケーターの役割

エデュケーターのいちばん大きな仕事は、博物館展示室における学びの支援です。展示されている作品の鑑賞や資料・標本の観察の場面で、観覧者の気づきや発見が活発に起きるように促し、さらに他者のモノの見方も共有しながら、それぞれの見る目をより広げるようサポートします。

モノそれ自体の情報にとどまらず、それにかかわる人の思いやその背景など内在する情報も効果的に提供する必要があります。展示室は単なる知識の習得の場ではありません。観覧者が自由に主体的にものを見、想像力を膨らませて、歴史像や人物像、生態像などのイメージをそれぞれが築いていく場なのです（**図4.2**）。例えば歴史展示において、展示されている古文書に示された客観的事実は確かにひとつかもしれません。しかしそれが作成された背景や社会様相は多様なはずです。また作成した人物の気持ちにも興味深いものがあるはずです。そのことは美術作品を見たときに、制作した作家の心境や当時の社会的背景に思いをはせることと何ら変わりませ

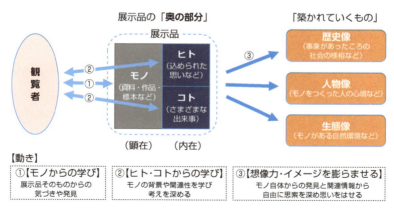

図4.2 展示室における「気づき」から「築き」へ

〔可児光生「「2020年の常設展示室「もよう替え」」『美濃加茂市民ミュージアム紀要』第20集、美濃加茂市民ミュージアム、2021年」の挿入図を一部改変〕

ん。歴史でも美術でも、その資料や作品にどのように人や社会がかかわっているか想像を巡らせることは同じなのです。

　展示室では学びをサポートするコミュニケーションツールが用意される場合もあります。ワークシートやセルフガイドといった印刷物、ゲーム感覚で楽しみながら展示品にかかわる教材やゲームなどが一般的でしょう。それらを効果的に用いながら、観覧者の学びがより深く、そしてより発展していくよう努めなければなりません。

　展示室での活動のほかに、博物館の所蔵品などに関係する講演会や体験講座、現地ツアー、共同調査といったさまざまな教育プログラムを企画し運営していくこともエデュケーターの仕事です。モノを活かした生涯学習機関として、このようなプログラムは人々が新たな刺激を受け日々の暮らしを充実させていくのに必要なもので、ときにはこれを契機に自主的な学習グループが生まれることもあります。また教育プログラムの実施にかかわる団体が組織される例もあります。このような活動を通して市民交流がより盛んになるようとりくんでいくことも大事なのです。

　なお、学校団体の博物館利用においても、エデュケーターは大きな役割を果たします。こうした場合には、知識習得や学力向上だけではなく博物館特有の学びの場となるよう、学校側と事前に綿密に調整を行い、プログラムを作成する必要がありますが、学校側の「丸投げ」にならないよう博物館と学校の役割をそれぞれ明らかにして子どもたちの学びに対応しなければなりません。そして子どもたちの博物館体験がそれで完結するのではなく、将来にわたっての継続的な学びにつなげていくという意識がエデュケーターに望まれるのです。

4.3 ミュージアム・コミュニケーター

　この節では、ミュージアム・コミュニケーターをとり上げますが、まず「ミュージアム・コミュニケーター」なる用語は正式にはないことを断っておきます。通常は 4.3.1 項、4.3.2 項でとり上げられている「サイエンス・コミュニケーター」や「アート・コミュニケーター」というように、ある研究領域と人々とをつなぐ役割を果たす人をさします。それではなぜここであえて「ミュージアム・コミュニケーター」という言葉を使うかといえば、その活動の舞台が博物館や美術館である場合に、それを担う人の総称として使い、博物館活動のなかに位置づけたいと考えるからです。

　しかし、4.2 節で説明されたエデュケーターとの区別も今のところ明確ではなく、その活動も分野により、そしてそれぞれの博物館・美術館によりさまざまであるのが実情です。ここでは、サイエンス・コミュニケーター、アート・コミュニケーターの実際の活動例を見ながら、その可能性と課題について見ていきます。

4.3.1 サイエンス・コミュニケーター

　2016 年（平成 28 年）中央教育審議会が発表した答申において、「予測困難な時代に、一人一人が未来の創り手となる」ことをめざす教育の重要性が強調されました[1]。この予測困難な時代は「VUCA（ブーカ）」と呼ばれ、Volatility（不安定）、Uncertainty（不確実）、Complexity（複雑）、Ambiguity（曖昧）を特徴としています。2021 年（令和 3 年）の中央教育審議会の答申では、VUCA 時代に必要とされる資質・能力として、「文章の意味を正確に理解する読解力」「教科固有の視点で考え、自分の頭で表現する力」「対話や協働を通じて知識やアイデアを共有し、新しい解決策を生み出す力」などがあげられています[2]。こうした資質・能力を育むために、博物館教育もまた、時代の要請に応じた新たな役割を果たすことが求められています。

　近年、科学のおもしろさや科学技術に関する課題を広く人々に伝え、と

もに考え、意識を高めることをめざす「サイエンス・コミュニケーション」の活動が盛んに行われています[3]。従来は、研究者の研究成果をわかりやすく紹介することが大きな意義をもっていましたが、現在では、社会課題を理解し、研究成果が社会に及ぼす影響について人々とともに考え、理解を深めることが焦点となっています[3]。ここで重要なのが、サイエンス・コミュニケーターの役割です。

　サイエンス・コミュニケーターは、ワークショップなどのプログラムを構築するほか、対話の場を提供し、人々の異なる視点や意見を共有するファシリテーションを行います。この過程で、複雑な問題に対する理解が深まり、新たな解決策の可能性が見出されていくでしょう。

　博物館においても、サイエンス・コミュニケーターの役割は重要です。博物館は、展示やプログラムを通じて科学のおもしろさや重要性を広めるだけではなく、来館者との対話を通じて、科学技術や社会課題についての理解を深める場として機能します。特に「対話型鑑賞（VTS：visual thinking strategies）」などの手法を用いることで、来館者が自ら考え、意見を交わし合う体験を提供し、科学に対する関心や理解を高めることができるでしょう。特に対話は不可欠です。博物館とコミュニティの結束力を高め、社会全体での協力と連携を促進する基盤を築くことがめざされます。

実例　名古屋大学博物館学生運営スタッフ団体 MusaForum ととりくむ地域社会貢献活動

　名古屋大学博物館は、同館の学生運営スタッフ団体「MusaForum（ムーサ・フォルム）」とともに、積極的な社会活動を展開しています。この団体は、名古屋大学をはじめとする多様な専門分野の大学生・大学院生で構成され、2020年（令和2年）4月の創設[4]以来、現役189名、累計280名（2024年8月現在）が活動しています。2023年度には30を超える博物館イベントを企画・運営し、新たな地域連携の機会も創出しました。

　各イベントでは、当館スタッフによる指導のもと、学生スタッフからなる企画リーダー、プログラム作成担当者、デザイン担当者などで構成するチームが組まれ、準備が進められます（図）。イベント当日は

参加者との円滑な対話を促進し、双方向的な交流が行われます。これにより、学生スタッフは主体的な社会活動の機会を得て、実践を通じて自身の資質・能力を育み、経験と成長を積み重ねています。参加者からは、学生スタッフとの活動を通じて科学技術や社会課題についての興味や理解が深まったとの感想が寄せられており、さらなる活動の拡大と社会への貢献が期待されています。

図　MusaForum メンバーによるイベント準備および運営の一場面

〈引用文献・Web サイト〉
1) 中央教育審議会：幼稚園，小学校，中学校，高等学校及び特別支援学校の学習指導要領等の改善及び必要な方策等について（答申）（2016）
2) 中央教育審議会：「令和の日本型学校教育」の構築を目指して～全ての子供たちの可能性を引き出す，個別最適な学びと，協働的な学びの実現～（答申）（2021）
3) 文部科学省ホームページ「見てみよう科学技術：サイエンスコミュニケーションとは？」：
https://www.mext.go.jp/kids/find/kagaku/mext_0005.html

4) 梅村綾子，今泉歩波，出町史夏，堀雅紀，岩崎はづき，佐古楓香，竹味和輝，吉田颯稀，杉山亜矢斗：名古屋大学博物館学生運営スタッフ団体 MusaForum（ムーサ・フォルム）2020 年度活動報告—活動組織としての基盤をつくる—，名古屋大学博物館報告，**37**，49-61（2021）

4.3.2 アート・コミュニケーター

A. アート・コミュニケーション事業とアート・コミュニケーター

ミュージアムを舞台に、文化芸術を通した人とのつながりによって社会課

題を考え、地域のコミュニティがより豊かに醸成されることをめざすソーシャルデザインプロジェクトのことをアート・コミュニケーション事業といいます。そして文化施設や文化資源をもとに地域で活動し、人と文化芸術を結ぶ活動をする人をアート・コミュニケーターと呼んでいます。アート・コミュニケーターは、社会の課題を創造的な視点によって解決することを目標に活動しています（詳細は 実例 ）。

これまでミュージアムは主に、資料の収集や保存、研究を柱に運営されていました。しかし2022年（令和4年）のICOMで採択された新しい博物館定義[1]にも謳われているように、今ミュージアムが社会の人々にとって身近な存在となることが求められています。これに伴い、アート・コミュニケーターの存在が次第に注目されるようになっています。現在では日本各地に活動拠点が増えていき、それぞれの地域の特性に合わせた活動として広がっています。

B. アート・コミュニケーター

アート・コミュニケーターは、アートを介して、人と人、人と作品、人と場所をつなぐプレイヤーです。活動するうえで大切にしたい考え方や、コミュニケーションをとるうえで必要な知識を学びながら、年齢、性別、職業、社会的な肩書きにとらわれない対等な「人と人」としてのグループをつくり、それぞれが得意な分野を活かし、自分たちにできることのなかで工夫を重ね活動をしています。これらの活動は、同じ目標をもったメンバーが集まり、それぞれの特技をもちより、時間をかけてミーティングをくり返すことで、本来であれば小さな規模で終わってしまう活動も、広く魅力的な活動に変化していきます。

活動の多くはボランタリーなものですが、組織や自治体から活動を促されるのではなく、自主的にテーマを考え、とりくみ、そのテーマに向かって活動していくことが、一般的に知られるボランティアとは大きく異なるところです。将来的には、社会のなかで多様な価値観をもつ人と人を結びつけるコミュニティをつくることを目標としています。

実例　アート・コミュニケーターの活動：「〜ながラー」

　事業を行う拠点によって活動のすすめ方はさまざまですが、岐阜県美術館で活動するアート・コミュニケーター、通称「〜ながラー」の事例を紹介します。

　美術館の一画にあるキッズスペースが活用されていないことに気づいた「〜ながラー」の一人の呼びかけにより、小さな活動のグループができ、解決策について話し合いを重ねました。そして小さいお子さんのいるご家族にも美術館に来てほしいと企画がはじまりました。自分たちにできることと得意なことを掛け合わせて「絵本のよみきかせとちょこっとアート」というベビーカーツアーを実施しました（**図1**）。

図1　赤ちゃんと家族のためのアート鑑賞イベント〔写真提供：岐阜県美術館〕

　また、美術館の所蔵作品をより深く楽しむために、作家を招き、制作背景や作品への想いを聞きながら、いっしょに作品を鑑賞するイベントを企画し実施しました。この「月見台を楽しむ会」では、作品を前に人が集まることで美術館に滞在する時間をより特別なものにすることができま

図2　作家を招いて作品鑑賞するトークイベント〔写真提供：岐阜県美術館〕

図3　地域イベント「こよみのよぶね」
地域住民と協力して行灯を制作し、運営を協力〔写真提供：岐阜県美術館〕

した（**図2**）。

　このほか、岐阜市で毎年冬至の日に行うイベント「こよみのよぶね」では事前に来館者を交えて干支の形をした行灯を制作し、イベント当日の運営にもかかわり、地域の人々とともに、夏の風物詩の「鵜飼」という地域資源を冬につなぐ役割を担いました（**図3**）。

　このように、アート・コミュニケーターが従来のミュージアムの活動に捉われない視点をもってアイデアを出し合い、考え、企画を実施することで、思いもよらない出来事が生まれます。

C. 未来に向けて

　現在、アート・コミュニケーターの活動は福祉の観点からも注目されています。活動のなかから自然に育まれた、多様な人々に柔軟に寄り添う姿勢や眼差しをもって、障がいのある人やそのご家族、望まない孤独のなかにいる人と社会を緩やかにつなぐ存在として、福祉施設や障がい者芸術文化活動支援センターなどとミュージアムとをつなぐ役割を期待されています。

〈参考文献〉

1) ICOM Japan Web サイト「新しい博物館定義、日本語訳が決定しました」：https://icomjapan.org/journal/2023/01/16/p-3188/

4.3.3 ミュージアム・コミュニケーター

A. ミュージアム・コミュニケーターの現在

　近年、来館者に近しい視点から企画を立て、積極的なコミュニケーションをとり、学術研究の新たな領域を切り開き、多角的に博物館と社会を結びつけようとする動きがあります。

　本節の前文にあるとおりミュージアム・コミュニケーターという用語は一般的ではありませんが、博物館、美術館ではコミュニケーションを伴うプログラムを多角的に展開する人々が存在しています。

　教育普及事業(エデュケーション、近年はラーニングという呼称も使用)の企画・実施者は前述の4.2節や2.3.1項（p.111）で述べられているよう

に、エデュケーターやファシリテーターと呼ばれ、2000年代以降に入るとサイエンス・コミュニケーター、アート・コミュニケーターと呼ばれる組織がいくつかの科学館や美術館などで結成され活動するようになりました。ギャラリーツアーなどの来館者支援を行うボランティアの人々もまた一翼を担っているのではないでしょうか。

　博物館という現場で学び、来館者と向き合い、トライアンドエラーをくり返すことで実践力を身につけていきます。博物館などの施設のほか、自身のコミュニティのなかでもソーシャルデザイナーとしての活躍をも期待されています。重要なのは知識を授与することではなく、対話をしながら協働の場をつくり出す姿勢です。

　ただ、コミュニケーターとなるには専門的知識に加え、来館者と活発な意見交換や交流の場を作り出すスキルが欠かせません。そういった能力の取得には事業の持続性、何よりコミュニケーターを育成する専門員の確保など多くの課題を抱えているのも現状です。

B. ミュージアム・コミュニケーターの課題

　ここまでの説明で、サイエンス・コミュニケーターやアート・コミュニケーターは、博物館教育の場において大きな役割を果たす可能性をもつことが理解されたと思います。ここでは今後の展開に向けての3つの課題を述べます。

　一つ目は、「ミュージアム・コミュニケーター」として捉えられるような共通理解が確立しているわけではない、という現状です。これから多くの館が「コミュニケーター」を導入することで、博物館活動のなかに明確に位置づけられていく必要があると思います。

　二つ目は、それに関連して、そうした人材育成をいかにして進めていくか、ということでしょう。これは学芸員養成にもかかわる問題ですが、現行の学芸員養成課程のカリキュラムでは多様化する博物館活動に十分対応できていないきらいがあります。

　三つ目は、館種としては最も多い歴史系博物館で、「コミュニケーター」の名称をもった活動が、まだなされていないか、実数としては非常に少ないことがあげられます。もちろん、歴史系博物館ではボランティアによるガイドなどの実績は多いのですが、ここで紹介されたサイエンス・コミュ

ニケーターやアート・コミュニケーターのように社会的な課題にとりくむ側面はまだ弱いようです。

　今後、「ミュージアム・コミュニケーター」というものが確立していくならば、博物館を活動の場として、学術研究の成果と社会とをつなぎ、その結果として社会的課題にとりくんでいく回路が開かれていくことでしょう。

4.4 博物館実習

博物館実習とは、学芸員養成課程の最終段階です。学芸員になるための職業訓練的な意味があります。

4.4.1 博物館教育と博物館実習

博物館教育を扱う本書のなかで、博物館実習がとり上げられていることに違和感を覚える人もいるかもしれません。確かに、これまでに刊行されてきた多くの博物館学関連の書籍では、博物館実習が博物館教育と関連づけられてはきませんでした。最近の書籍でも、教育論のなかで実習がとり上げられているケースはほとんど見当たりません。

では、どうして博物館実習は博物館教育と関連づけて説明されてこなかったのでしょうか。あくまでも推測ですが、博物館の現場感覚として、実習は大学の学芸員養成課程のカリキュラムにかかわることであり、博物館教育の問題ではないという意識があったのかもしれません。しかし、文部科学省の「博物館実習ガイドライン」にもあるように、館務実習は実際に行われているのです。

4.4.2 博物館実習の問題点

これまで、博物館は実習生の受け入れに消極的な傾向がありました。それは、指導にあたる人員の問題や業務の一部を割いて指導しなければならないという業務量の問題がある一方、実習にくる学生の態度や目的意識がまちまちであるという状況があったものと思われます。これは大学と博物館との双方の問題ですが、大学と博物館との連携が不十分であったことに起因しているといえます。しかし、最近では博物館側も実習生の受け入れに積極的になってきています。

実習生は将来的に学芸員になる学生です。言い換えれば、学生たちは博

物館を存続させるための条件のひとつなのであり、次世代の博物館を担う後継者であるといえます。そして、後継者を養成するということは、博物館における教育実践にほかならないでしょう。本書において、博物館教育というカテゴリーのなかで博物館実習をとり上げる理由はここにあります。

4.4.3 博物館実習で何を学ぶか

全国大学博物館学講座協議会（全博協）西日本部会の編集による『博物館実習マニュアル』の目次立ては、第1章「博物館実習の目的」、第2章「資料の取り扱いと留意点」、第3章「展覧会の実際と留意点」、第4章「実習の基礎作業」となっています。つまり、実習のマニュアルは実技を中心に構成されていることがわかります。博物館学芸員としての基本的な技術（実測・拓本・写真・展示制作・梱包など）の習得が博物館実習の主たる目的なのです。

確かに、博物館実習が学芸員になるための職業訓練であるとすれば、こうした技術の習得が必須であることはいうまでもありません。そもそも多岐にわたる日本の学芸員の職務のすべてを実習で経験することは不可能です。学芸員の職務のなかには実習で教えられないことも多く、逆に教えられることのなかでは、技術が重要視されるのは当然のことでしょう。

しかし、技術の習得は大切な実習項目ですが、技術とは目的や課題を現実化するための方法なのであって、技術を実際の博物館活動のなかでどのように使うべきかをあわせて学ぶことが必要です。つまり、理論として学んだことを、実践に結びつける力を養うことが博物館実習の目的であるとここでは考えておきたいと思います。

実例　南山大学の博物館実習

南山大学の学芸員養成課程のカリキュラムを、理論と実践をどのようにして結びつけていくかという試行錯誤の一例として紹介します。南山大学には人類学博物館があるため、人類学博物館の場所と資料を利用して実習を行っています。カリキュラムの基本は、人類学博物館

の所蔵資料を使っての特別展の企画・制作ですが、その作業に入る前に、資料のとり扱いについての実習（資料の梱包など）を行います。

　実習では、特別展の企画が実習生たちによって立てられます。実習生たちは博物館資料についてはよく知らないので、資料調査の期間をとり、どのような資料でどのようなテーマの展示をつくるかを検討します。テーマについては何度かプレゼンを行い、次第に企画を詰めていきます。

　次に展示したい資料について本格的な調査を行い、資料が展示可能かどうかを確認します。ここでは資料に破損はないか、あるいは展示できる状況かどうかを含めて調査し、調書を作成していきます。ここで大切なことは、資料調査にあたり、人類学博物館の許可を書面でとるということです。実際の博物館の現場でやっているように、文書で博物館に資料調査の許可を求め、博物館から回答を出してもらったうえで調査を行います。事務的な手続き（学芸庶務）を実習生が行うということです。

　資料調査が済んだ段階で、パネルやキャプションの製作に入ります。パネルやキャプションにはハレパネ（片面が糊面となっている薄手のスチレンボードの商品名）を使います。パネル、キャプションをつくるためには、資料に関する知識がなければできません。そのため、実習生たちは、自分の所属学部や学科にかかわらず、展示したい資料に関して、できる限りの情報を集めます。さらに、これと併行してポスターやパンフレット類の製作も行っていきます。

　パネル、キャプションができたところで、展示作業に入ります。このとき、やはり人類学博物館に対して資料の借用許可を文書で出し、それに対する回答を得て、初めて展示作業に入ることができます。展示する際には、資料借用書を作成し、人類学博物館学芸員とともに資料の確認を行います。

　完成した展示に対しては、全員が展示評価を行います（**図**）。場合によっては、その評価をもとに全員でディスカッションし、展示のよい点・悪い点について自由に意見を述べていきます。

　以上のように、南山大学では、特別展示の企画・制作という課題の

図　制作した展示を全員で評価する

なかに、資料のとり扱い、展示技術の習得などを組み込んでいます。また、資料の利用や借用に関する事務的な手続きを行うことで、博物館の業務の流れをひととおり経験できるようになっています。

基本用語　学芸庶務

　学芸庶務、あるいは学芸事務といった言葉は、必ずしも用語として定着したものではないかもしれません。博物館の組織は、ふつう大きく学芸と庶務（事務）に分かれています。それが基本的な職掌分担になるのですが、なかにはその両者にまたがるような業務もあります。そのひとつが学芸庶務（事務）です。事務的ではあるけれども、学芸員の専門性を必要とするような業務のことで、例えば資料や作品の貸借にかかわる文書の作成などがあげられると思います。

　学芸員は研究者であり、エデュケーターでもあります。しかし、同時に事務的な業務もこなさなければならないというマルチな力が必要とされるのです。

4.4.4 博物館実習の限界

　博物館実習とは学芸員になるための職業訓練であり、教室で習った理論を実践に結びつけるための技術を習得することが目的です。もちろん、時間的な制約を考えれば、現状のカリキュラムで学芸員として通用するだけの経験を積むことは不可能ですし、学芸員になった後も、自己研鑽に励まなければならないのはいうまでもありません。さらに、2022年（令和4年）の博物館法の一部改正やICOMの新定義の採択などの動きをはじめ、本章でとり上げた博物館教育の展開など、今日の博物館には数多くの役割が期待されています。これらのことをすべて学芸員養成課程のカリキュラムのなかで伝えることはできません。

　その一方で、博物館が求めている学芸員とは技術や経験だけではないということがわかるデータがあります。文部科学省が2005年（平成17年）に行った「博物館制度の実態に関する調査研究」の報告書では、博物館が考える学芸員に必要な資質として「資料に関する学術的知識、調査研究」がトップにあがっており、新任の学芸員に期待する資質・能力でも同じ結果が出ています。つまり、現場では、学芸員に必要な基本的な技術はいうまでもなく、研究者としての能力が求められているのです。しかし、これは博物館実習で教えられることではありません。ですから、学芸員をめざす人たちは、必要な単位だけ取れば学芸員になれるなどとは思わず、自分の専門分野に関する研究を深め、その専門性が適合する博物館との出合いに期待するしか、現状では方法はないといえるでしょう。

〈参考文献・Webサイト〉
1) 全国大学博物館学講座協議会西日本部会 編：博物館実習マニュアル，芙蓉書房出版（2002）
2) 文部科学省　博物館制度の実態に関する調査研究報告書（概要）：http://www.mext.go.jp/b_menu/shingi/chousa/shougai/014/shiryo/06101611/010.htm

あとがき　博物館教育の可能性

　本書では、博物館という教育機関において実施される教育あるいは学習プログラムがどんなものであるかを見てきました。それによって、博物館における教育活動・学習活動が多岐にわたるものであり、その可能性が大きいことを、そして、博物館が今や社会的にも多くの役割を担う存在になっていることを、ある程度は示すことができたかと思います。

　最近の博物館の動向を見てみましょう。文化庁がWebサイトで公開している平成30年（2018年）度までの博物館数の統計では、平成17年（2005年）度以降、ほぼ横ばいとなっています（**図1**）。一方、入館者数を見ると平成29年（2017年）度には増加しています（**図2**）。これで単純に1館当たりの入館者数が増えたとはいえないのですが、博物館数に大きく変化がないなかで、入館者数が増加していることは、全体としては博物館の利用者が増えているといってよいのでしょう。

　しかし、こうした状況を一変させたのは、2019年（令和元年）末から流行した新型コロナウイルス（COVID-19）のパンデミックでした。このパン

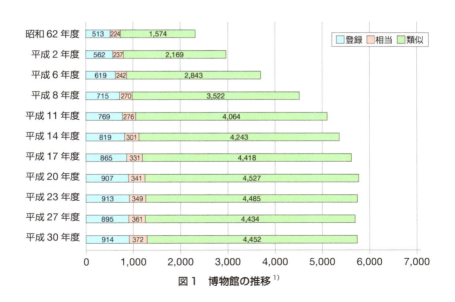

図1　博物館の推移[1)]

173

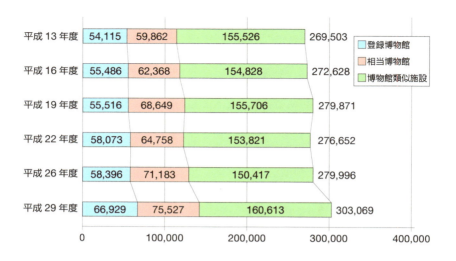

図2　入館者数の推移[1]

デミックのなかで「不要不急の外出」は控えるようにと呼びかけられ、学校も休校になるなどの措置がとられました。博物館も例外ではなく、その措置のなかに置かれたのです。

　そのときは新型コロナウイルスについての情報も少なく、私たちはただ感染しないようにできるだけのことをしなければ、という思いだったことは記憶に新しいところでしょう。そして、その間に多くの方が亡くなられ、また医療機関のひっ迫した状況が伝えられてきていました。

　ただ、コロナ禍が落ち着いた今になって考えてみると、果たして「不要不急の外出」とは何をさしていたのか、ということを考えざるを得ません。「不要不急」とは、この場合、人間が生存するのに必要のないこと以外はしない、という意味で使われていたかと思います。では、人間が生きるということの意味は何でしょうか？「人はパンのみにて生くるものにあらず」という新約聖書の言葉を引くまでもなく、人間は生存のためだけではなく、その生を楽しむことによっても生きているはずです。そのなかで、教育の機会が制限されたことの意味は大きかったと思います。このパンデミックから学ぶべきは、人間の生を保障しながら、さまざまなウイルスや細菌か

ら身を守ることを講じる、ということだと思います。

　そのようななかで、博物館はインターネットを活用した活動を加速させました。例えば、2.1.6項で紹介している北海道博物館を中心とした「おうちミュージアム」などのとりくみがそうです。そして、こうした博物館のとりくみは、博物館の利用そのものを大きく変えていく可能性をもっていたものと思います。

　しかし、コロナ禍が落ち着いてみると、博物館・美術館は活気をとり戻しつつあるように見えます。これはやはり、ヒトとモノ、ヒトとヒトが触れ合うということは、オンラインではなく、リアルな体験として求めたいということを示しているのではないでしょうか。もしそれが、部分的にでも的を射ているとすれば、博物館側も来館者によりよい博物館体験の場を準備できるようにしておかなければなりません。そういう意味で、博物館教育をいっそう充実させることが、今後の博物館活動にとって重要になるものと考えます。

　初版のあとがきにも書きましたが、博物館の魅力は、その資料や作品、標本（まとめてコレクションと呼びます）の魅力であり、それを最大限に活用することで博物館ならではのおもしろさが生まれるのだと思います。しかし、多くの人はコレクションのどこをどう見たらよいのかわからないのです。そこで登場するのが学芸員です。博物館資料のプロフェッショナルである学芸員が、その博物館のコレクションのおもしろさを必死で語ることが博物館のおもしろさなのではないでしょうか。実はこのことが、博物館教育の原点なのだと思います。

　そうした意味で、今回第4章とした「博物館にかかわる人材」は重要です。学芸員は、教育普及だけではなく、展示もしなければなりませんし、研究もしなければなりません。ですから、ボランティア、エデュケーター、ファシリテーターといった人たちの役割はこれからますます大きくなるでしょう。また、最近になって学術的な専門領域と人々とをつなげるコミュニケーターも注目されるようになってきています。

　一方、受け手の立場で見ると、博物館で得られる知的刺激は、好奇心と呼び換えることができます。その好奇心のありさまは人によってさまざまでしょう。ある人はめずらしい資料や有名な作品がきているから博物館に

行こうという気になるのかもしれません。それが月の石であろうとモナリザであろうとかまわないのです。なぜならそれはすべて好奇心から出てくることだからです。

　博物館は、人間の好奇心に応え、何かを見たい、何かを知りたいという根源的な欲求を満たす場であるはずです。そうだとすれば、博物館教育の目的とは、博物館のもつコレクションによってその人の好奇心を刺激することにほかならないのではないでしょうか。

　そしてもうひとつ大事なことがあります。初版では「日本における「博物館文化」の不在」と書きました。これを書いた当時は、入館者数の減少という問題が生じていた頃ですが、先に見たように、現在は増加傾向にあるとされます。ただ、それは博物館自体がある意味でテーマパーク化しつつあることの反映である可能性もあります。つまり、楽しいけれども学びの少ない場所になってきているのではないか、ということです。

　博物館文化という言葉は、ここではある社会が自分たちにとって博物館を必要不可欠なものと位置づけている、という意味で使っています。経済学の用語を借りれば博物館が社会的共通資本になっているということです。しかし、今になって思うに、博物館文化の確立よりも前に、博物館をいかにして利用するのか、という「博物館リテラシー」の涵養が先なのでしょう。それは正に博物館教育の役目でもあります。

　博物館教育とは、博物館のもつ潜在的な力をアウトプットする機会であり、そのための場なのです。そして同時に、それを受けとる人たちにとっては、自分の生活や人生をより豊かなものにしていくための機会でもあるのです。

2025年2月

黒澤　浩

〈Webサイト〉

1）文化庁　博物館数，入館者数，学芸員数の推移：
　　https://www.bunka.go.jp/seisaku/bijutsukan_hakubutsukan/shinko/suii/

索引

和文

あ行

アーカイブ 74
アート・コミュニケーター 162
アート・コミュニケーション 163
ISBN 58
ICOM（アイコム、国際博物館会議） 14, 91

ICタグ 62
愛知県美術館 96
アイヌ文化 136
アイリーン・フーパーグリーンヒル 36
アウトリーチ 131, 142
アクセシビリティ 77, 84, 89, 91, 100
アビゲイル・ハウゼン 105
アメリア・アナレス 106
アメリカ博物館協会（AAM） 13, 91

ICOM（イコム）→ ICOM（アイコム）
移動展 143
移動展示型 143
移動博物館 143
インストラクター 105
インターネット 73

Webサイト 73
Web展示 77
Webページ 76

ウェルビーイング 26

エデュケーション 167
エデュケーター 14, 157, 158
愛媛県歴史文化博物館 117
エリク・エリクソン 31

おうちミュージアム 79
大阪市立自然科学博物館 12
音声解説システム 55
音声ガイド機器 55
オンライン鑑賞 99
オンライン方式 46

か行

解説員 52
解説シート 56
回想法キット 117
回想法スクール 118
学芸員 128
学芸員養成課程 166, 168, 169
学芸庶務（学芸事務） 171
学習指導要領 124
学習プログラム 6
学習ボランティア 155
学習理論 33
学校教育 3
神奈川県立生命の星・地球博物館 92
鑑賞教育 54

聞きとり調査 141
北名古屋市回想法センター 118
北名古屋市歴史民俗資料館 117
北名古屋モデル 118

索引 177

岐阜県美術館　164
ギャラリートーク　6, 52
QRコード　62
紀要　68
教育基本法　19
教育普及事業　165
教員　128
教材貸出型　143, 144
共通の富　14, 91

芸術認識　111
研究活動　135
研究者連携　138
言語リテラシー　111
見常者　94

講演会　6, 42
講座　6, 42
講師派遣型　143
構成主義　35
口頭解説　51
合理的配慮　89
国際博物館会議（ICOM）　14, 91
国際連合教育科学文化機関（UNESCO）
　　　　　　　　　　　　　　　91
国立アイヌ民族博物館　136
国立民族学博物館　93

さ行

サイエンス・コミュニケーター　160, 161
サイエンス・コミュニケーション　161
さわる展示　94

視覚的思考　111

視覚的思考法（VTS）　105
視覚的理解の教育（VUE）　105
視覚的リテラシー　111
滋賀県立琵琶湖博物館　75
自己学習　5
視聴覚機器　60
実物教育　5
社会教育　2
社会教育審議会　23
社会教育法　2, 19
社会的包摂（社会的包括）　26, 56, 84, 89
ジャン・ピアジェ　31
出張講演　143
出張授業　143
生涯学習　4, 19
生涯学習審議会　4, 27
生涯学習振興法　24
ジョージ・ハイン　36
情報提供　73
触角鑑賞　95
触常者　93
触図　98
ジョン・デューイ　34
ジョン・フォーク　34, 145
身体障がい者対応　89

スマートホン　62
3Dプリント　71

全国大学博物館学講座協議会（全博協）
　　　　　　　　　　　　　　　169
全国大学博物館学講座協議会西日本部会
　　　　　　　　　　　　　　　169

総合的な学習の時間　124, 143

相互作用による体験モデル　34, 145
ソーシャル・ガイド　100

た行

対話型鑑賞（VTS）　161
体験学習　6, 82
体験学習型　6
『対話と連携』の博物館　27
卓越と公平　13, 91
多重知能理論　32
棚橋源太郎　11
タブレット型端末　62

地域回想法　96
地域連携　140
知識論　33
中央教育審議会　23
著作権　78

通俗教育（社会教育）　11

デヴィッド・アンダーソン　14
デジタルアーカイブ　74
デジタル情報　69
出前講座　143
展示図録　64
電磁的資料　74
展示理解　65
展示リテラシー　54
伝達的アプローチ　36

ドロール報告書　22

な行

中川志郎　92
〜ながラー　164
名古屋市立大学大学院　71
名古屋市博物館　67, 68, 71, 72
名古屋美術館　155
名古屋大学博物館　72, 161
南山大学人類学博物館　76, 169
名古屋ボストン美術館　82

日本博物館協会　27
ニューヨーク近代美術館　105
認知的発達段階説　31

は行

ハイブリッド方式　48
博物館教育　2, 11, 154, 157, 168
博物館実習　77, 168
博物館実習マニュアル　169
博物館体験　145
博物館法　12
博物館連携　136
濱田隆士　92
バリアフリー　90
ハワード・ガードナー　32
ハンズ・オン　43, 92

美的発達—5段階理論　107
美的発達に関するインタビュー　106
百科事典的博物館　89
広瀬浩二郎　93

ファシリテーション　161

ファシリテーター　111, 157
フィリップ・ヤノウィン　105
VUCA（ブーカ）　160
フォーラムとしてのミュージアム　135
フォール報告書　22
複製品　70
ふれあい体験モデル　145
文化芸術基本法　28, 29
文化芸術振興基本法　28
文化庁　16
文化的アプローチ　38

ポール・ラングラン　21
北海道大学アイヌ・先住民研究センター
　　　　　　　　　　　　　　138
北海道博物館　79
ボランティア　17, 28, 154
翻刻　67

ま行

マサチューセッツ美術大学　105
マルチ・モダール教育　84

三重県総合博物館（MieMu）　46, 148
三重県立美術館　100
美濃加茂市民ミュージアム　62, 84, 127, 155
宮城県美術館　81
ミュージアム・コミュニケーター　160, 165
ミュージアムパーク茨城県自然博物館　92

武蔵野自然観察会　12
無視覚流鑑賞　94
室蘭工業大学　138

明治大学博物館　43
明治大学博物館友の会　50
目黒区美術館　81

目録　66
問題解決学習　34

や行

ユニバーサル・デザイン　89
ユニバーサル・ミュージアム　77, 89
UNESCO（国際連合教育科学文化機関）
　　　　　　　　　　　　　21, 91

ら行

ラーニング　167
ライフサイクル論　31

臨時教育審議会　23
リン・ディアーキング　34, 145

れきハコ　117
連携　133, 135
連携方法　127
レプリカ　70

ロバート・バトラー　113

わ行

ワークシート　57
ワークショップ　81

数字・欧文

3Dプリント　71

AAM（アメリカ博物館協会）　13, 91
ICOM（国際博物館会議）　14, 91
ICタグ　62
ISBN　65
MieMu（三重県総合博物館）　146, 148
MusaForm（ムーサフォルム）　161
QRコード　62
SNS　76
UNESCO（国際連合教育科学文化機関）
　　　　　　　　　　　　　　21, 91
VTS（視覚的思考法／対話型鑑賞）
　　　　　　　　　　　58, 105, 161
VUCA　160
Webサイト　73
VUE（視覚的理解の教育）　105

MEMO

MEMO

編著者紹介

黒澤　浩（文学修士）
1987年、明治大学大学院文学研究科史学専攻博士前期課程修了。
明治大学考古学博物館（現 明治大学博物館）学芸員を経て、
2004年、南山大学人文学部助教授（2007年より准教授）。
現在、南山大学人文学部教授。
専門は博物館学、考古学。

NDC707　　191p　　21cm

博物館教育論　第2版　学芸員の現場で役立つ基礎と実践

2025年3月11日　第1刷発行

編著者	黒澤　浩
発行者	篠木和久
発行所	株式会社　講談社

〒112-8001　東京都文京区音羽2-12-21
　　　販売　(03) 5395-5817
　　　業務　(03) 5395-3615

KODANSHA

編　集　株式会社　講談社サイエンティフィク
　　　　代表　堀越俊一
　　　　〒162-0825　東京都新宿区神楽坂2-14　ノービィビル
　　　　　　　編集　(03) 3235-3701

本文データ制作　株式会社エヌ・オフィス
印刷・製本　　　株式会社KPSプロダクツ

落丁本・乱丁本は、購入書店名を明記のうえ、講談社業務宛にお送りください。送料小社負担にてお取替えいたします。なお、この本の内容についてのお問い合わせは、講談社サイエンティフィク宛にお願いいたします。定価はカバーに表示してあります。

© Hiroshi Kurosawa, 2025

本書のコピー、スキャン、デジタル化等の無断複製は著作権法上での例外を除き禁じられています。本書を代行業者等の第三者に依頼してスキャンやデジタル化することはたとえ個人や家庭内の利用でも著作権法違反です。

Printed in Japan
ISBN 978-4-06-538014-7